FRAUENVERSTEHER

CARSTEN HÖFER

FRAUENVERSTEHER

Das Buch für alle, die entweder
ein Mann oder eine Frau sind

südwest

Inhalt

Einleitung 7

Wie ich zum Frauenversteher wurde 11

Das findest du witzig? 25

Typische Unterschiede zwischen Mann und Frau 41

Männerkommunikation – Männer mögen Monologe 83

Frauenkommunikation – Frauen fragen viel 97

Frauen können Multitasking – Männer machen Monotasking 113

Kommunikation zwischen Mann und Frau – warum sie so schwierig ist 123

Ratschläge und Tipps zur sofortigen Umsetzung 135

Tipps, wenn Sie als Frau mit Männern gut reden wollen 139

Tipps, wenn Sie als Mann mit Frauen gut reden wollen 153

Wenn zwei sich verstehen, entsteht oft ein Dritter 165

Frauenversteher und Männerversteherinnen 195

Anhang 197

Einleitung

»Du verstehst mich einfach nicht!« Verzweifelt, erschöpft und resigniert sinkt Claudia auf die mokkabraune Rolf-Benz-Couch, die einmal der Beginn ihrer Beziehung zu Peter gewesen war. Doch das ist lange her. Fast drei Jahre wohnt sie nun schon mit Peter zusammen, gefühlte acht.

Dabei war Peter mal ein richtiger Frauenversteher gewesen, ein Mann, bei dem Claudia dachte, er könne ihre Gedanken lesen, ihre Wünsche vorausahnen. Mit Peter konnte sie in der ersten Zeit so wunderbar reden, weil er in ihre Augen tauchen und tief in ihre Seele blicken konnte. Aber jetzt? Was war passiert?

So und ähnlich ergeht es meiner Erfahrung nach vielen Tausend Paaren, die ich auf meinen Tourneen durch Deutschland getroffen habe. Besonders nach meinen Auftritten mit den Kabarettprogrammen FRAUENVERSTEHER, TAGESABSCHLUSSGEFÄHRTE und SECONDHAND-MANN kommen immer wieder Paare auf mich zu und sagen: »Genauso ist es auch bei uns!« oder »Waren Sie bei uns im Wohnzimmer?« oder »Woher kennen Sie uns so gut?« Nachdem ich meine Erfahrungen und Beobachtungen im engeren Freundes- und Bekanntenkreis auch bei vielen anderen bestätigt fand, machte ich mich daran, die zwischengeschlechtliche Problematik des Frauenverstehens genauer zu untersuchen.

Dieses Buch wird Ihnen hoffentlich auf unterhaltsame Art darlegen können, wie es mit dem Verständnis unter den Geschlechtern bei uns im Land wirklich bestellt ist. Vielleicht werden Sie sich an der einen oder anderen Stelle wiederfinden. Möglicherweise geht es Ihnen sogar wie Claudia und Peter, die vor einiger Zeit nach einem meiner Auftritte auf mich zukamen und meinten: »Wir haben die Karten für deinen Auftritt heute Abend schon vor vielen Wochen gekauft. Aber heute Nachmittag hatten wir einen ziemlich üblen Streit und wollten eigentlich gar nicht ausgehen. Da wir das Geld aber schon ausgegeben hatten, wollte Peter (typisch Mann?) die Karten nicht einfach verfallen lassen. Dabei hatten wir die Angelegenheit überhaupt noch nicht zu Ende besprochen (typisch Frau?). Also sind wir mehr oder weniger lustlos hierhergekommen. Was du uns allerdings dann auf der Bühne gezeigt hast, hat uns wirklich verblüfft, denn es war fast so, als wärest du direkt bei uns im Wohnzimmer gewesen und hättest uns beobachtet. Wir haben uns in dem, was du gezeigt hast, ziemlich gut wiedererkannt. Das Beste aber war, dass wir auf diese Weise noch einmal Gelegenheit hatten, unseren Streit quasi von außen zu beobachten, und dabei festgestellt haben, dass alles nur in einem kleinen Missverständnis begründet war. Wir konnten herzhaft über uns selbst lachen und mussten uns eingestehen, dass eigentlich alles in Ordnung ist zwischen uns.«

Natürlich hat mich dieses Lob sehr gefreut, und nachdem Peter an die Theaterbar verschwunden war, um noch ein Glas trockenen Weißwein für seine Claudia und ein Glas Bier für sich zu besorgen, raunte mir Claudia verstohlen ins Ohr: »Ich hoffe, Peter hat heute Abend etwas dazugelernt!«

In diesem Buch wird immer wieder von Claudia und Peter die Rede sein. Dabei könnten die beiden auch Sybille und Bernd, George und Gracy[1] oder Micky und Minni heißen. Be-

---

1 So heißen die zwei Buckelwale in dem Film »Star Trek IV – Zurück in die Gegenwart« (1986).

trachten wir Claudia und Peter einfach als Variablen, für die wir je nach Situation unsere eigenen Namen oder die unserer Freunde und Verwandten einsetzen können. Wenn Ihnen an der einen oder anderen Stelle der Gedanke kommt »Das kenne ich doch von XY«, dann setzen Sie statt Claudia und Peter einfach die Namen derer ein, an die Sie gerade denken mussten.

Die Szenen aus dem Leben von Claudia und Peter sind oft ganz typisch, und daher schauen wir uns einige davon später noch genauer an. So erfahren wir mehr über die Hintergründe bestimmter Verhaltensweisen und immer wiederkehrender Kommunikationsmuster zwischen Mann und Frau.

Das Beste aber ist: Für besonders heikle Situationen gebe ich Ihnen ganz konkrete Umsetzungstipps an die Hand. Wenn Sie diese im Umgang mit Ihrer Partnerin (oder Ihrem Partner) befolgen, werden Sie feststellen, dass Ihre Partnerschaft noch schöner, erfolgreicher und vor allem lustiger werden wird. Ich bin der Meinung, dass Humor eine der Säulen ist, auf denen eine glückliche Partnerschaft gelassen ruhen kann. Am besten integrieren Sie die Tipps und Tricks aus diesem Buch mit einem Lächeln und einem Augenzwinkern in Ihre Beziehung. Probieren Sie es aus. Meiner Erfahrung nach funktionieren die Kommunikationstipps übrigens auch außerhalb von Partnerschaften ganz hervorragend, zum Beispiel am Arbeitsplatz, wo es ja auch immer wieder zu Verständnis- und Kommunikationsproblemen kommt, wenn Männer und Frauen aufeinandertreffen.

Sind Sie die richtige Leserin, der richtige Leser für dieses Buch?

An wen richtet sich dieses Buch? Sollten Sie überhaupt weiterlesen? Sind Sie eine Frau? Ein Mann? Single? In fester Beziehung? Verheiratet? Frisch getrennt? Sind Sie mehr heterosexuell veranlagt oder eher weniger?

Wenn Sie sich dieses Buch selbst gekauft haben und dabei eigenständig in eine Buchhandlung gegangen sind, würde ich vermuten, dass Sie eine Frau sind und beim Anblick des Titels vielleicht gedacht haben: »Frauenversteher? Na, mal gucken, ob das stimmt.«

Wenn Sie dieses Buch geschenkt oder in die Hand gedrückt bekommen haben mit der Aufforderung, es möglichst bald durchzulesen (beziehungsweise »durchzuarbeiten!«), dann vermute ich, dass Sie ein Mann in einer (noch? relativ?) festen Beziehung sind und Ihre Partnerin dieses Buch bereits vor Ihnen gelesen hat. Wenn Sie das Buch dann unverbindlich lächelnd entgegengenommen und dabei gedacht haben »Ach du Scheiße …«, dann bin ich mir sicher, dass Sie ein Mann sind.

Wie auch immer. Sie werden sehen, wenn Sie ein Mann oder eine Frau sind, ist dieses Buch genau das Richtige für Sie.

Falls Sie nicht ganz so heterosexuell veranlagt sind, dann werden auch Sie sich mit diesem Buch gut amüsieren und ganz bestimmt einige Neuigkeiten über das Leben der anderen erfahren.

Wie ich zum Frauenversteher wurde

Wie komme ich (ein Mann) dazu, ein Buch mit dem Titel »Frauenversteher« zu schreiben und mit einem Kabarettprogramm gleichen Titels durch Deutschland zu touren? Diese Frage haben Peter und Claudia mir auch gestellt. Nachdem neue Getränke auf dem Tisch waren, erzählte ich den beiden, wie es dazu gekommen war.

Pränataler Frauenversteher

Ich bin als zweites Kind meiner Eltern, sechs Jahre nach meiner großen Schwester, zur Welt gekommen. Meine Schwester hatte sich schon früh ein Schwesterchen gewünscht. Eigentlich wollten meine Eltern aber nur ein Kind. Meine Schwester war gesund, munter und brachte vernünftige Veranlagungen für ein gutes Leben mit. Warum also das Risiko eingehen, beim zweiten Mal eine Niete zu ziehen? Die Überraschungen des Genpools sind nicht immer positiv. Aber meine Schwester wollte unbedingt noch eine Schwester als Gefährtin. Irgendwann gaben meine Eltern dann nach und probierten es noch einmal (beziehungsweise vermutlich ein paarmal). Nach einiger Zeit unprotektionierter Zweisamkeit bemerkte meine Mutter ihre erneut veränderten Umstände. Ich war gezeugt worden.

Meine Mutter kannte das ja schon von meiner Schwester. Für mich war es eine absolut neue Erfahrung. Im Prinzip war es überhaupt meine erste Erfahrung, wie alles in den ersten Monaten meines Lebens. Als meine Eltern meiner Schwester dann eröffneten, dass sie in einigen Monaten wohl ein »Geschwisterchen« bekommen würde, war für meine Schwester klar, dass es weiblich zu sein hatte. Ein Bruder war absolut undenkbar und auch unerwünscht. Was sollte sie mit einem Bruder schon anfangen? Fürchterlich, nein, eine Schwester sollte es sein.

Der Zeitpunkt meiner Geburt war noch weit entfernt, und nachdem ich durch die Bauchdecke meiner Mutter hindurch erfahren hatte, dass meine große Schwester unbedingt wollte, dass ich ein Mädchen bin, untersuchte ich meinen Körper etwas genauer. Wie ich zu meinem eigenen (damaligen) Entsetzen feststellen musste, hatte sich zwischen meinen Lenden seit der siebzehnten Woche meines Lebens der unleugbare Beweis herausgebildet, dass ich als kleiner Bruder auf die Welt kommen würde. Da diese Stelle noch nicht sonderlich ausgeprägt war, unternahm ich verschiedene Modulationsversuche, um die Form zu ändern, es nach innen zu drücken oder wenigstens am Wachstum zu hindern. Aber was auch immer ich tat, es wurde größer (als Mann bin ich natürlich geneigt, hier weiter zu schreiben: »Es wurde größer und größer und größer, es bekam enorme Ausmaße, eine fleischgewordene Übermenschlichkeit, die mich und meine Frau bis heute immer wieder neu begeistert und überrascht. Wissen Sie, ich habe Unterhosengröße fünf, aber vorn acht, wenn Sie verstehen, was ich meine, etc. etc.« Aber das würde nicht ganz der Wahrheit entsprechen.). Ich war Sklave meiner eigenen Evolution und fügte mich schließlich in das von meinen Genen vorgegebene Schicksal.

Zum Glück waren die medizintechnischen Möglichkeiten damals noch nicht so weit fortgeschritten wie heutzutage. Die Aussicht, mittels Ultraschall Bilder vom Fetus zu bekommen, war nicht wesentlich weiter entwickelt als Kaffeesatzlesen.

Natürlich tat der Frauenarzt meiner Mutter ganz arzttypisch wichtig (so wie es Ärzte aller Fachrichtungen auch heute noch gerne tun, wenn sie keine Ahnung haben) und verkündete mit breiter Schulter und großem Stolz ob seines ach so modernen Gerätes: »Sehen Sie, hier haben wir die echogene, zentrale Gebärmutterhöhle. Die anteriore Uteruswand weist den üblichen Abstand zum fetalen Körper auf, da haben wir kein Oligohydramnion zu befürchten. Das Fruchtwasser ist anechogen. Aha, schauen Sie hier, das ist ungewöhnlich: Die Nabelschnur weist eine marginale Insertion auf, was nur bei etwa fünf Prozent aller Schwangerschaften auftritt, aber keine klinische Relevanz hat. Ich denke, wir werden auch keine vorzeitige Dilatation des Zervikalkanals bekommen.«[2] Meine Mutter staunte nicht schlecht, betrachtete den kleinen Schwarz-Weiß-Bildschirm mit der unterirdischen Auflösung und meinte nur: »Also für mich sieht das aus, als würde da ein Tiefdruckgebiet von Südosten aufziehen. Wahrscheinlich regnet es morgen in meiner Gebärmutter.« Geschlechtsspezifische Merkmale waren damals vor der Entbindung nicht zu erkennen. So konnte ich wenigstens bis zum Zeitpunkt meiner Geburt verheimlichen, dass ich ein Junge war.

Alle Menschen kommen als Mädchen auf die Welt

Unmittelbar nach meiner Geburt veranlasste ich umgehend, dass ich in warme Decken eingewickelt wurde, um meine Scham zu bedecken. Meine Schwester war bei ihrem ersten Besuch auf der Neugeborenenstation zunächst absolut begeistert von mir. »Toll, so ein süßes Schwesterchen!« Allerdings hat meine Mutter dann doch die Bombe platzen lassen: »Es ist ein kleiner Junge, weißt du? Hier schau …« Und dann präsen-

---

2 Für noch mehr Spaß mit medizinischen Fachbegriffen empfehle ich Ihnen die Lektüre von Ralph Weissleder u. a.: Kompendium der bildgebenden Diagnostik. Wien: Springer Verlag 2002.

tierte sie meiner Schwester in aller Peinlichkeit meine fleischgewordene Adamspracht.

Ein schrecklicher Moment der Offenbarung war das. Mir war, als hörte ich die Posaunen von Jericho. Es gab in diesem Moment nichts, was ich hätte tun können. Ich konnte ja nicht einmal sprechen. Ich wusste nicht mal, wie das überhaupt geht. Aber was hätte ich auch schon sagen sollen? »Es ist nicht das, wonach es aussieht«? Dieser Satz wurde von einer Frau noch zu keinem Zeitpunkt aus dem Munde einer »Nichtfrau« geglaubt. Ich konnte dem Blick meiner Schwester nicht standhalten. Ich dachte: »Na toll, das war's dann wohl. Jetzt wird sie ganz fürchterlich enttäuscht sein. Meine eigene Schwester wird sich kommentarlos abwenden. Von dieser Schwester werde ich nie brüderlich geherzt werden. Gerade frisch geboren und schon zum Aussätzigen gestempelt.«

Zu meiner allergrößten Überraschung allerdings ignorierte meine Schwester in ihrer kindlichen Weltanschauung meine kleine, rosafarbene, phallische Erhebung auf ihre ganz eigene Weise: »Nicht schlimm, dass sie diese kleine Missbildung hat. Ich mag sie so, wie sie ist.« Auch nachdem meine Eltern mehrwöchig versucht hatten, ihr klarzumachen, dass ich Carsten, ihr kleiner Bruder sei, fabulierte sie sich trotzig weiter in die Ansicht hinein, ich sei ihre kleine Schwester Christina. Nach einigen Wochen haben meine Eltern es dann aufgegeben und meine Schwester in ihrem Glauben belassen. Irgendwann würde sich die Sache schon von allein aufklären. Wie sich zeigen sollte, hat sich nichts von allein aufgeklärt. Es war ein ganzes Stück Arbeit, in das ich zwölf Jahre meines Lebens investiert habe.

Meine Schwester kümmerte sich anfangs wirklich rührend um »ihre kleine Schwester«. In den ersten ein, zwei Jahren wurde ich von ihr gebadet, gewickelt, getröstet und gefüttert. Da kann ich mich wirklich nicht beschweren. Diese Zeit konnte ich fast vorbehaltlos genießen, auch wenn ich immer mit der großen Angst lebte, dass meine Schwester eines Tages beim Wickeln einen spitzen Schrei ausstoßen und mich mit der Erkenntnis »Ih, das ist ja doch ein Junge!« angewidert vom Wickeltisch stoßen würde. Aber dieser Tag kam nicht. Im Gegenteil. Ich wurde so sehr von meiner Schwester »verweiblicht«, dass ich beizeiten erste Selbstzweifel hegte, wie es um meine Männlichkeit denn nun tatsächlich bestellt sei. Interessanterweise umgab uns meine Schwester zu jener Zeit ausschließlich mit weiblichen Kindern. All ihre Bekanntschaften, all ihre Freundschaften und Verabredungen waren weiblich. Eigentlich war das nicht schlecht. Ich lernte zu spielen wie die Mädchen, ich lernte zu diskutieren wie die Mädchen, und ich lernte zu quengeln wie die Mädchen. Wie ich erst sehr viel später herausfinden sollte, hatte diese zufällig erscheinende Tatsache aber System.

Eines Tages, als ich mich auf meinem Lebensweg vom Baby zum Kind erstmalig in einer frühen Entwicklungsstufe der artikulierenden Selbstreflexion befand, badete ich (zum letzten Mal) gemeinsam mit meiner Schwester in der Badewanne. Nach erneutem Sichtungsvergleich meines Körpers mit dem meiner Schwester stellte ich klar und deutlich fest: »Ich das da, du nich ...!« Sozusagen mein erster frühkindlicher »Efrauzipierungsversuch«. Gleichzeitig sieht man schon hier, dass auch bei mir der anscheinend angeborene Drang der Männer, die eigene Geschlechterrolle durch ein »Mehr« zu definieren, vorhanden war, obwohl im Laufe der Pubertät eigentlich alle Frauen zwei unleugbare Gegenargumente für weibliches »Mehr« entwickeln. Da meine Schwester aber bereits sechs Jahre mehr Lebenserfahrung, Wissensvorsprung und weibliche Argumentationslehre vorzuweisen hatte, musste mein Versuch ohnehin schon an dieser Stelle scheitern. Leise, aber doch deutlich gab mir meine Schwester Folgendes zu verstehen: »Nun ja, auf den ersten Blick scheint es so zu sein. Allerdings sollst du wissen, dass alle Menschen immer erst mal als Mädchen auf die Welt kommen. Einige schon relativ richtig, so wie ich. Ein paar andere noch nicht ganz richtig, mit so einem Gebimsel, wie bei dir. Aber mach dir keine Sorgen, das fällt irgendwann dann schon ab, und alles wird gut. Später, wenn du groß bist, so wie Mama und Papa, kannst du dich dann selbst entscheiden, was du werden willst, Mädchen oder Junge. Jetzt bist du aber erst mal ein Mädchen, so wie alle anderen Kinder auch!«

Da musste ich drüber nachdenken. Konnte das wirklich so sein? Tatsache war ja, dass es quasi keine männlichen Kinder in meiner Umgebung gab (dafür hatte meine Schwester gesorgt). Irgendwie erschien mir die Argumentation meiner Schwester einleuchtend und logisch, sogar sinnvoll. Klar, erst mal kommen alle als Mädchen auf die Welt. Später hat dann jede die freie Entscheidung über das eigene Geschlecht. Das schien in meinen Augen auch vernünftig. Je nach Zeitalter, geografischer und religiöser Zugehörigkeit der eigenen Person oder der Verwandtschaft könnte diese Wahl ja auch durchaus Vorteile haben, oder?

Hinzu kam, dass mich meine Schwester bei jeder sich bietenden Gelegenheit als Mädchen verkleidete. Kaum waren meine Eltern mal kurz aus dem Haus, zack, hatte ich einen ihrer Röcke an und mir wurden Schleifchen ins Haar gebunden. Aber gut, dachte ich, die anderen Mädchen sehen ja auch so aus, warum nicht auch ich? Ich wurde hundertprozentig weiblich sozialisiert. Wir spielten mit Puppen, kämmten uns gegenseitig die Haare und spielten Mutter, Mutter, Kind. Und wir redeten! Meine Güte, was haben wir geredet! Ich lernte schon sehr früh, tief in weibliche Kommunikationsgefilde einzutauchen. Ich war es also gewohnt, mit Mädchen zu spielen, ich redete mit den Mädchen wie ein Mädchen, ich fühlte wie ein Mädchen, und ich trug die Mädchensachen meiner Schwester. Ich war ein Mädchen ... dachte ich.

Der Frauenversteher wird zum Mann

Diese Weltanschauung wurde erst durch den Umstand erschüttert, dass ich meine frühe Kindheit Anfang der Siebzigerjahre des letzten Jahrhunderts im vorigen Jahrtausend verbrachte (also ziemlich genau vor einer Ewigkeit!). Zu dieser Zeit war es bei konfliktarmen Kleinfamilien der gehobenen unteren Mittelschicht im Ruhrgebiet nicht unüblich, dass jüngere Geschwister die aufgebrauchten, aber noch intakten beziehungsweise geflickten Kleidungsstücke ihrer älteren Geschwister aufzutragen hatten. Ich musste durch die Autorität meiner Eltern bedingt die alten Sachen meiner großen Schwester anziehen. Besonders schlimm war das natürlich im Winter. Ein Wort lässt mich in seiner ganzen Assoziationsbreite bis heute schaudern: Strumpfhosen! Kennen Sie diese wollenen, kratzenden Strumpfhosen?

Welches Tier produziert absichtlich solche Wolle? Es muss sich um eine Art Racheakt dieser Tiere handeln. Haben Sie so etwas jemals tragen müssen? Da meine Schwester diese Dinger schon vor mir ein paar Jahre ertragen musste, waren einige davon zerschlissen, was meine Mutter dazu motivierte, die Löcher zu stopfen. Es handelte sich also oftmals um ein gestopftes, geflicktes und überaus unansehnliches Beinkleid, welches anzuziehen mir aufgetragen wurde. Das kann sich heutzutage wahrscheinlich kaum noch ein Mensch vorstellen, aber damals haben Mütter die Kleidungsstücke der Familie tatsächlich in zeitraubender Handarbeit geflickt. **Geflickt!** Wer flickt denn heutzutage bitte noch Strumpfhosen? Egal, meine Mutter bestand darauf, dass ich im Winter die ollen Kratzstrumpfhosen meiner Schwester anziehen sollte. »Damit dir nicht so kalt wird.«

Diese manifestierten Hautreizungen waren mir natürlich auch noch viel zu groß. Meine Mutter hat mich da quasi so reingeschüttelt. Kennen Sie das, wenn Sie den Müll im Gelben Sack noch mal so nach unten schlackern wollen? Dann heben Sie den Sack an zwei Seiten ruckartig in die Höhe, und der schwerere Müll rutscht nach unten durch. Genau so hat es meine Mutter mit mir und den hundekotbraunen Kratzwollstrumpfhosen meiner Schwester gemacht. Das hat manchmal schon einen Moment gedauert. Entweder bis meine Füße unten in der Strumpfhose angekommen waren oder, je nach Schnitt im Schritt, bis mein Skrotum die Schüttelei auf schmerzliche Weise beendete. Dann musste ich auf diese überaus eingeklemmte Weise in die Schule gehen! Spätestens wenn ich mit diesem Ding in der Schule angekommen war, wurde es mit Hose und darunterliegender Strumpfhose viel zu warm.

Was passiert wohl, wenn Kratzwolle mit Schweiß durchtränkt auf empfindliche Kinderhaut trifft und bei jedem Schritt scheuernd darüberschabt? Es juckt höllisch. Mein Gott, hat das gejuckt! Aber viel schlimmer war es, wenn wir Sportunterricht hatten. Dann stand ich da in den Jungsumkleiden (immerhin!) mit der hundekotbraunen, viel zu großen, verschwitzten und geflickten Wollstrumpfhose meiner Schwester. So weit habe ich es nur einmal kommen lassen. Danach war ich immer der Letzte, der in die Umkleide hineinging, und der Letzte, der sie wieder verließ.

Zu jener Zeit wurde ich der arglistigen Täuschung meiner Schwester gewahr, und ich entschied mich, von nun an ein Junge und später ein Mann zu sein. Ein kleiner Schritt für die Menschheit, ein großer Sprung für mich. Sie kennen vielleicht den berühmten Satz von Neil Armstrong bei seinen ersten Schritten auf dem Mond: »Dies ist ein kleiner Schritt für einen Menschen, aber ein gewaltiger Sprung für die Menschheit.« Da ich genau an dem Tag geboren wurde, als Neil Armstrong diesen Satz in die Welt entließ, hat er für mich irgendwie eine besondere Bedeutung.

Ich verbrachte also große Teile meiner Kindheit als Mädchen, bis ich mich aufgrund semitraumatischer Strumpfhosenerfahrungen dazu entschloss, ein Mann zu sein. So gesehen hatte meine Schwester dann doch wieder irgendwie recht. Ich war lange Zeit (fast) ein Mädchen und habe mich dann selbst dazu entschieden, ein Mann zu werden.

Mann und Frau treffen aufeinander

Als ich an diesem Abend noch ein wenig mit Claudia und Peter in der gemütlichen Lounge des Theaters saß und wir über Frauen, Männer und die großen Verständnisprobleme der Geschlechter sprachen, fragte ich die beiden, wie sie sich kennengelernt hatten. Wie sich zeigen sollte, ähnelte ihre Geschichte der Geschichte von vielen anderen Paaren.

Mann trifft Frau

Vor Peter war Claudia fast zwei Jahre Single gewesen. Nicht dass sie keine Möglichkeiten oder Chancen bei Männern gehabt hätte, im Gegenteil. Auf den allerersten und zweiten Blick bot sie Männern vieles, was diese als attraktiv und anziehend bezeichnen würden. Beim ersten Hingucken sahen viele Männer in Claudia eine attraktive, latent sportliche, schlanke Frau Mitte dreißig.

Signalwirkung bei den Männern: »Prima, diese Ü30-Kandidatin hat mit großer Wahrscheinlichkeit bereits alle für mich wichtigen Erfahrungen mit Männern gemacht. Sie weiß, dass der Prinz auf dem weißen Pferd Kinderblödsinn ist, hat vielleicht auch schon die eine oder andere Enttäuschung überlebt, und sie weiß, wie der Hase läuft. Sehr schön, sie sieht gut genug aus, um sich in der Öffentlichkeit an meiner Seite zeigen zu können. Vielleicht kann ich mit ihr sogar ein bisschen angeben. Es passt, dass sie besser aussieht als der Durchschnitt, aber nicht so gut, dass ich als Mann neben ihr schlecht aussehe.«

Viel mehr interessiert die meisten Männer auf den allerersten Blick nicht.

Auf den zweiten Blick stellten diese Männer dann fest, dass Claudia selbstbewusst war, ohne arrogant oder überheblich zu wirken. Sie war intelligent und gebildet, ohne besserwisserisch zu sein. Sie verdiente ihr eigenes Geld, hatte ein geregeltes Einkommen und trug keinen Ehering.

Signalwirkung bei den Männern: »Sehr gut, die ist nicht blöd, was peinlich vor den Kumpels wäre. Noch besser: Sie ist nicht schlauer als ich, was noch viel, viel peinlicher vor den Kumpels wäre.«

Was kaum einer der Männer an dieser Stelle bemerkte, war die Tatsache, dass Claudia sehr wohl schlauer, gebildeter und auch intelligenter war als einige der handelsüblichen männlichen Ü30-Kandidaten. Allerdings war sie (siehe allererster Blick) tatsächlich erfahren genug, um zu wissen, wie der Hase läuft. Der Hase läuft nämlich dann am schnellsten (weg), wenn er auf eine Häsin trifft, die schlauer ist als er selbst. Claudia wusste inzwischen, dass sie diese Tatsache nur dann deutlich herausarbeiten durfte, wenn sie nicht offen war für ein Gespräch mit einem XY-Chromosom. Frei nach dem Motto: »Lauf mein Hase, lauf! Husch, husch in deinen Bau – die Häsin ist zu schlau!«

Weitere Wirkung des zweiten Blicks bei den (meisten) Männern: »Spitze, die muss ich nicht irgendwann durchfüttern, die kann sich von ihrem eigenen Geld selber den ganzen nutzlosen Kram kaufen, für den ich nie (!) mein Geld ausgeben würde. Wow, Ü30 und noch keinen Ehering oder wieder neu zu haben? Egal, an ihr hängt kein ›Verboten‹-Schild.«

Frau trifft Mann

Ganz ähnliche Wirkungen, wenn auch nicht so plakativ, rief Claudia vor drei Jahren bei Peter hervor. Sie war damals in einem dieser viel zu teuren Möbelhäuser unterwegs gewesen, da sie das Sortiment der großen schwedischen Möbelhauskette bereits auswendig kannte. »Nur mal gucken«, dachte sie sich. Plötzlich und wie aus dem Nichts stand sie vor ihr. Es war nicht einfach eine Couch, nicht nur ein Sofa. Es handelte sich nicht etwa um eine ordinäre Sitzgelegenheit, es war vielmehr ein Traum von abendlicher Gemütlichkeit. Ein in Kaffeebraun gewebtes Versprechen paradiesischer Wohnlichkeit. Claudia wusste, dass sie diese Couch haben musste, denn diese Couch war wie für sie gemacht.

Hinter der Couch sah sie den Rücken eines Mannes, der einen dieser irgendwie offiziellen Möbelhausangestelltenanzüge trug. Genau in dem Moment, als sie sich für ein »Probesitzen« auf die Polsterfläche herabsinken ließ, drehte der Mann sich um und lächelte sie an. Peter war nicht im eigentlichen Sinne schön. Welcher Mann ist das auch schon? Peter war gehobener Durchschnitt: etwas über einen Meter neunzig groß, dunkelbraunes, kurz geschnittenes Haar und mandelbraune Augen. Für seine Größe war er ein wenig zu dünn, ohne allerdings schlaksig zu wirken.

Signalwirkung bei den (meisten) Frauen: »Prima, der Mann ist groß, das ist schon mal ein erster Pluspunkt.«

Es zählt zwar nicht nur die Größe (Mann muss auch damit umgehen können), aber welche Frau will schon ohne besonderen Grund einen Mann an ihrer Seite, der deutlich kleiner ist als sie selbst? Da müssten andere Aspekte des Mannes deutlich überdurchschnittlich entwickelt sein, um eine eventuelle Pygmäenhaftigkeit wettzumachen. So eine Kombination sieht aus rein modischen Aspekten nicht vorteilhaft aus, ist gesellschaftlich meist erklärungsbedürftig (»So eine schöne, große Frau an der Seite eines so kleinen Mannes? Ist das ihr Sohn?«), und wenn sie ihre High Heels anziehen möchte, könnte er es als Beleidigung auffassen.

Weitere Wirkung des ersten Blicks bei den Frauen: »Ein bisschen schmal ist er schon, was auf jeden Fall besser ist als ein schwabbeliger Bierbauch. Vielleicht treibt er sogar Sport? Auf jeden Fall ein Zeichen dafür, dass sich dieser Mann nicht allzu sehr gehen lässt oder zumindest vorteilhaftes Genmaterial besitzt, welches ihm die Anlagerung von Fett erschwert.«

Interessanterweise ist der erste äußere Eindruck, den ein Mann auf eine Frau macht, nicht so ausschlaggebend wie der erste äußere Eindruck, den eine Frau bei einem Mann hinterlässt. Frauen sind trotz eines nicht optimalen Äußeren des Mannes viel öfter bereit, einen zweiten und dritten Blick zu wagen, um mehr über den Mann zu erfahren.

Peter hatte einen großen Trumpf bei Frauen: sein Lächeln. Ein wohldosiertes, selbstbewusstes Lächeln mit direktem, diskretem Augenkontakt kann bei Frauen viel mehr bewirken als der erste äußere Eindruck. Peter war gut im Lächeln, und Claudia sagte dieses leicht spitzbübische Lächeln viel.

Signalwirkung bei den (meisten) Frauen: »Sehr gut, dieser Mann hat gepflegte Zähne, das ist wichtig, denn das Gegenteil wäre ein sofortiges Ausschlusskriterium. Gepflegte Zähne weisen auf regelmäßige und zuverlässig durchgeführte Körperhygiene hin, alles andere wäre ebenfalls ein Ausschlusskriterium. Dieser Mann ist sich im positiven Sinne seiner selbst bewusst, muss sich nicht verstecken und kann offensichtlich charmant sein. Möglicherweise ist er sogar ein Gentleman?«

Auch wenn es nicht viele Frauen öffentlich zugeben würden, so wirkt ein moderner Gentleman doch auf viele angenehm »retro«, im besten Sinne »old school« und auf unterschwellige Art beruhigend aufregend, so widersprüchlich das auch klingen mag.

Peter begrüßte Claudia als qualifizierte Interessentin und mögliche Kundin höflich und nach allen Regeln eines gut geschulten und unaufdringlichen Verkäufers, eines sogenannten »Soft Sellers«. Er begegnete ihr unverstellt natürlich und ohne falsche Scham oder übertriebenen Habitus. Frauen merken sehr schnell, ob ein Mann authentisch ist oder eine Rolle spielt, die nicht zu ihm passt.

Peter machte einiges richtig, um Claudia bei der Entscheidungsfindung im Hinblick auf den Kauf eines Sofas zu unterstützen. Er redete nur dann von sich selbst und dem Sofa, wenn Claudia ihn danach fragte, hörte ansonsten zu und stellte interessierte Nachfragen, um Claudias Wünsche und Interessen herauszuhören. Dieser dritte Eindruck, den Claudia nun beim Gespräch mit Peter gewinnen konnte, gefiel ihr besonders gut.

Signalwirkung bei Claudia (und den meisten Frauen):
»Toll, dieser Mann kann aktiv und bewusst zuhören, interessiert sich aufrichtig für mich und begegnet mir auf Augenhöhe, sehr nett, vielleicht interessiere ich mich nicht nur für das Sofa ...«

Claudia besuchte das Möbelhaus und Peter noch ein paarmal, bevor sie sich entschied. Dann kaufte sie das Sofa, ließ sich von Peter zu einem fantastischen Essen in einem wirklich tollen Restaurant einladen und einige Wochen später stellten beide begeistert fest, dass sie auf dem Sofa nicht nur richtig gut sitzen und reden konnten, sondern auch andere Betätigungen ganz wunderbar funktionierten.

Das findest du witzig?

Inzwischen wohnen Peter und Claudia fast drei Jahre zusammen in einer gemeinsamen Wohnung, das Sofa ist immer noch da und hat sich kaum verändert, aber ihre Gespräche sind anders geworden, auch die Betätigungen auf dem Sofa sind deutlich ruhigerer Art. Claudia hat nicht mehr das Gefühl, dass Peter ihr wirklich zuhört, wenn sie etwas sagt, oft nickt er nur beiläufig und fragt überhaupt nicht nach. Ihre Gespräche sind weniger interessant und weniger häufig. Es dreht sich seltener um Peter und Claudia als um die Dinge des täglichen Lebens: »Denkst du an die Milch, wenn du heute noch einkaufen gehst?« – »Hatten wir nicht vereinbart, dass du fürs Saugen verantwortlich bist, wenn ich Überstunden machen muss?« – »Was zum Teufel riecht hier so unangenehm? Ah, mein Freund kommt aus dem Badezimmer!«

Die Beziehung ist nicht wirklich schlecht geworden, aber beide vermissen irgendetwas, wobei sie nicht genau sagen können, woran das liegt. Immer häufiger kommt es vor, dass beide völlig unterschiedlicher Meinung sind und die Meinung des anderen nicht mehr so rückhaltlos akzeptiert wird, wie das anfangs noch der Fall war. Manchmal entzündet sich eine Meinungsverschiedenheit an Nebensächlichkeiten, wie zum Beispiel an ihren unterschiedlichen Reaktionen auf ein Zitat von Samuel Beckett, das Peter in einem dieser Werbeblättchen entdeckt hat, die er sonntags gern durchblättert. Darin steht zu lesen, dass der berühmte irische Dichter einst gesagt haben soll: »Wenn Frauen nicht mehr wissen, was sie tun sollen, dann ziehen sie sich aus, und das ist wahrscheinlich das Beste, was Frauen tun können.«

Peter muss seine ganze Selbstbeherrschung aufbringen, um nicht laut loszulachen, ein Schmunzeln jedoch kann er nicht ganz verbergen, was ihn verrät.

So ergeht es vielen Männern, die im Moment eines humoristischen Ausbruchs bemerken, dass der für sie durchaus witzige Aspekt für die Frau an ihrer Seite leider gar nicht witzig erscheint. Der Mann versucht dann krampfhaft, die ausbrechende Heiterkeit zu unterdrücken.

Die Frau, aufmerksam seine Mimik verfolgend, sieht meist, wie sich seine Kiefermuskeln in dem vergeblichen Versuch verkrampfen, einen neutralen Gesichtsausdruck zu simulieren. Die Lippen aufeinandergepresst, schieben sich seine Augenbrauen in der Nähe der Nasenwurzel steil nach oben. Seine Atmung erlaubt unter Anspannung seiner Brust- und Bauchmuskulatur nur ein zittriges Ausatmen durch die Nase. Wenn die Frau jetzt nicht einschreitet, wird er diese körperliche Anstrengung nicht mehr lange aushalten können. Tränen werden ihm in die Augen schießen, rot angelaufen ist er ja schon.

»Das kann doch wohl nicht wahr sein!« Fassungslos starrt die Frau ihren Lebensabschnittsbegleiter in einer solchen Situation an. »Das findest du witzig?« Ihre Augen verengen sich zu gefährlichen Schlitzen, aus denen Flammen schießen.

Der Mann erkennt dieses äußerliche Anzeichen drohender Gefahr bereits und versucht eine erste, relativ unbeholfene Deeskalationsstrategie.

»Na ja, nein, bis gerade eben vielleicht schon ein bisschen. Jetzt natürlich nicht mehr.« Er hat diesen stolperigen Satz noch nicht ganz zu Ende gebracht, als ihm klar wird, dass es damit nicht besser werden wird, im Gegenteil, es wird schlimmer werden.

Frauen erfühlen instinktiv sehr schnell die eigene moralische Überlegenheit und kosten sie in einer aus ihrer Sicht angebrachten Situation gerne aus. »Na gut, dann schauen wir uns dieses so überaus witzige Zitat doch noch einmal genau an.«

Aus männlicher Sicht erscheint die Frau in diesen Momenten sehr oft ganz herrlich lehrerhaft, was dem Zweck der Belehrung leider nur allzu häufig zuwiderläuft, da der Mann die Lehrerhaftigkeit seiner Partnerin sehr schnell mit pubertär erotischen Rückblicken in seine eigene Jugend assoziiert. Männer können dann ganz plötzlich mit ihren Gedanken ganz weit zurück in die Vergangenheit reisen, und die Gegenwart verschwimmt zu einem blassen Rauschen.

Obwohl er sich sehr wohl bewusst ist, dass es für ihn jetzt immer unangenehmer werden wird, kann der Mann nicht anders, als seine Gedanken abschweifen zu lassen. Es kann bis heute nicht hinreichend erklärt werden, woran es liegt, aber wenn Frauen diese latent aggressive, intellektuell gehobene Stimme auf ihren Partner richten, denken viele Männer an ihre Französischlehrerin (oder Englischlehrerin oder Spanischlehrerin – Hauptsache sie unterrichtete eine Fremdsprache) aus der achten Klasse.

Damals war er gerade vierzehn gewesen und wie die Hälfte der Jungen aus seiner Klasse in seine Französischlehrerin verliebt. Es war die Zeit der langen Pullover, wie wir Männer uns gerne schmunzelnd erinnern. Alle Jungen dieses Alters trugen damals, während der ersten verwirrenden Welle pubertärer Einschläge, lange, weit über den Gürtel der Hose hängende Pullover, Hemden oder T-Shirts. Nie wurde Oberkörperbekleidung in die Hose hineingesteckt, das war völlig ausgeschlossen. Was nach außen hin für Eltern, Lehrer und andere Erwachsene als kleiner, wenn auch leicht unschicklicher Versuch textiler Abgrenzung und Selbstfindung achselzuckend hingenommen wurde, war in Wahrheit eine durch Schamhaftigkeit angetriebene Notwendigkeit. Natürlich haben die Jungen immer wieder behauptet, es sei uncool, Hemden in die Hose zu stecken oder Pullover zu tragen, die nur bis zum Gürtel oder knapp darüber reichten. In Wahrheit aber wurden damit nur die peinlichen Momente mit textilem Notbehelf kaschiert, die in den unpassendsten Situationen auf die jungen Männer erotisierend wirkten, und das sind in diesem Alter ungefähr fünfundachtzig Prozent aller alltäglichen Situationen, in denen nicht geschlechtsgleiche Mitglieder der eigenen Spezies anwesend sind.

Die Frau erkennt die geistige Abwesenheit des Mannes in der Gegenwart meist an seinem leicht entrückten Lächeln und seinen glasigen Augen, die in eine andere Welt zu schauen scheinen.

»Hörst du mir überhaupt zu?« So oder ähnlich wird die Frau die Gedankenblasen des Mannes zerplatzen lassen, und sie ist dabei ernsthaft verstimmt. Der Mann löst sich aus seinen Erinnerungen an die Französischlehrerin und konzentriert sich auf seine gegenwärtige Aufgabe. Er muss Schadensbegrenzung betreiben.

»Hm? Sicher höre ich dir zu.«

»Na gut. Da wird also ein zugegebenermaßen verdienter Schriftsteller und Dichter wie Samuel Beckett mit den Worten zitiert: ›Wenn Frauen nicht mehr wissen, was sie tun sollen, dann ziehen sie sich aus, und das ist wahrscheinlich das Beste, was Frauen tun können.‹ Wo genau ist jetzt da der Witz?«

»Ja, ein Witz im eigentlichen Sinne ist da natürlich keiner.«

»Warum hast du dann gelacht?«

»Ich hab gar nicht gelacht.«

»Doch, hast du. Du hast innerlich gelacht, ich habe das sehr wohl bemerkt. Intrinsisches Lachen nenne ich das. Also, was genau ist an diesem Zitat so amüsant. Erklär es mir!«

Der Mann windet sich wie ein Wurm. Dort, wo er sich jetzt befindet, kann es nur noch schlimmer werden, das weiß er. Es ist ab diesem Punkt der Konversation völlig egal, was er sagt, die Frau wird ihn und seine Art von Humor fachgerecht sezieren und die moralische Verwerflichkeit seines unterdrückten Schmunzelns gnadenlos offenlegen. Er wird sich so ehrlich reumütig zeigen, wie es ihm möglich ist, um eine weitere Eskalation zu vermeiden.

Was ist mit Ihnen? Was haben Sie beim Lesen des oben angeführten Zitats von Samuel Beckett gedacht? Können Sie die Reaktion von Peter nachvollziehen? Mussten auch Sie ein wenig schmunzeln? Oder teilen Sie eher die weibliche Ansicht? Möglicherweise haben Sie eine ganz andere dritte Meinung dazu?

Wenn ich das Zitat von Samuel Beckett bei meinen Liveauftritten vor Publikum anbringe, dann erlebe ich oft, dass die Männer im Saal entweder einmal kurz auflachen, um dann beschämt zu verstummen, oder dass sie, ähnlich wie Peter, heldenhaft versuchen, ein Lachen zu unterdrücken. Die meisten Frauen runzeln die Stirn, weil sie nicht recht wissen, ob das jetzt ernst gemeint ist oder ob hier eine rhetorische Falle lauert. Einige Frauen reagieren aber auch beherzt mit einem ablehnenden und lang gezogenen »Oh nein!«.

Praxistipp für Männer und Frauen

Es gibt zahlreiche wirklich interessante Zitate berühmter Persönlichkeiten über Frauen. Einige davon stelle ich Ihnen in diesem Kapitel kurz vor.

Lassen Sie das jeweilige Zitat für ein paar Sekunden auf sich wirken, lassen Sie es sich »auf der Zunge zergehen«, und dann überlegen Sie, was Sie davon halten. Lesen Sie die nächsten Abschnitte nicht zu schnell, sondern nehmen Sie sich Zeit, um die einzelnen Zitate in Ruhe anzuschauen. Versuchen Sie einmal, aus sich herauszutreten und sich selbst zu beobachten. Wie ist Ihre spontane Reaktion auf ein Zitat? Was denken Sie, wenn Sie zehn oder zwanzig Sekunden darüber nachsinnen?

Rosa Luxemburg und die Liebe

Wir beginnen mit einem Zitat von Rosa Luxemburg. Die streitbare Kommunistin soll einst geäußert haben: »Der Charakter einer Frau zeigt sich nicht, wo die Liebe beginnt, sondern wo sie endet.«

Ein Satz, der nachhallt. Egal, ob Sie nun ein Mann oder eine Frau sind, Sie werden sicher mit mir darin übereinstimmen, dass sich über diesen Satz trefflich nach- und anders denken lässt, je nachdem, welche persönlichen Erfahrungen man bisher in seinem Leben gemacht hat.

Auch bei meinem Publikum kann ich sehr unterschiedliche Reaktionen auf diesen Ausspruch beobachten, die auf persönliche Erfahrungsschätze rückschließen lassen.

Vielen Männern kann man ihre rückhaltlose Zustimmung und das »Ja genau!« deutlich vom Gesicht ablesen. Das sind vermutlich jene, die schon einmal gegen ihren Willen von einer geliebten Frau verlassen worden sind und denen bei diesem Zitat ihr Selbstmitleid und die aus ihrer Sicht ungerechtfertigte Aufkündigung der Zweisamkeit wieder vor Augen tritt. Diese Männer denken, dass endlich mal eine Frau die eigenen Genossinnen so darstellt, wie sie ihrer Meinung nach auch tatsächlich sind. Am Anfang einer Liebe scheint jede Frau auf ihre eigene Weise bezaubernd und verständnisvoll. Wehe aber, wenn das Weib sich vom egogekränkten Manne abwendet. Dann zeigt sie ihr wahres Gesicht, wird unansehnlich, verletzend und gemein. Verlassenen Männern kommt es meist vor, als sei ein Zauber von ihnen genommen, und hinter der leuchtenden Maskerade einer verständnisvollen Blütenfee zeigt sich nun die ganze hässliche Wahrheit. Hier greift ein männlicher Schutzmechanismus, der das eigene Überleben (des Egos) sichern soll.

Viele Frauen, die diesen Satz hören, sagen sofort: »Das gilt genauso für die Männer!« Andere Frauen hingegen halten einen kurzen Moment inne, durchdenken die verschiedenen Facetten des luxemburgischen Ausspruchs und nicken dann schmunzelnd. Ich habe mich lange gefragt, wie dieses schmunzelnde Nicken zustande kommt. Es gibt einige Frauen, die in ihrem Leben bereits den einen oder anderen Mann verlassen haben. Sie haben den aktiven Part einer Trennung übernommen, sie haben »Schluss gemacht«. Nicht zum ersten Mal, nicht zum zweiten Mal, sondern mehr als dreimal. Diese Frauen haben Erfahrungen gesammelt, die ihnen eine gewisse Bandbreite an Optionen und Möglichkeiten an die Hand gegeben haben, mit verletzten Männern umzugehen. Sie haben, anfangs mit Erstaunen, gesehen, wie sehr Männer unter der harten Schale leiden können, und wissen das Leid mitunter ein wenig abzuschwächen. Diese Frauen beenden eine Beziehung mit einer gewissen Souveränität, die auf Erfahrung beruht. Sie sind mit ihren »Verflossenen« im Reinen und haben sich nichts vorzuwerfen. Es ging einfach nicht mehr, und der Mann hat immerhin überlebt. Sie haben Charakter in der Trennung bewiesen, und das ist durchaus positiv gemeint. Diese Frauen nicken schmunzelnd, wenn Rosa Luxemburgs Zitat auftaucht.

Diejenigen Frauen, die weniger als zwei Sekunden brauchen, um zu entgegnen: »Das Zitat gilt genauso für die Männer!«, wurden meiner Erfahrung nach schon des Öfteren von Männern verlassen. Sie mussten den passiven Part bei einer Trennung übernehmen, mit ihnen wurde »Schluss gemacht«. Dementsprechend haben sie eine ähnliche Sicht auf die Dinge wie die verlassenen Männer, nur eben von der weiblichen Seite aus.

Charles Bukowski und der Feminismus

Das zweite Zitat, welches ich Ihnen vorstellen möchte, stammt von Charles Bukowski. Der große amerikanische Lebemann war sicher ein ungewöhnlicher Literat, der ganz eigene Erfahrungen mit den Frauen in seinem Dunstkreis gemacht hat. Über Bukowski sagt man, dass er zwar nicht unbedingt der meistverkaufte Buchautor seiner Zeit gewesen sei, sicher aber der meistgeklaute in den USA. Wenn Sie schon einmal etwas von Charles Bukowski gelesen haben und sich die für die USA nicht ganz untypische Prüderie (nicht nur) zu Bukowskis Publikationszeiten in den Sechziger- bis Neunzigerjahren des letzten Jahrhunderts vor Augen halten, dann werden Sie nachvollziehen können, wie er zu diesem Prädikat gekommen ist. Charles Bukowski wird gerne mit den Worten zitiert: »Feminismus existiert nur, um hässliche Frauen in die Gesellschaft zu integrieren.«

Auf dieses Zitat freue ich mich immer ganz besonders bei meinen Liveauftritten, denn darauf reagieren die Zuschauerinnen und Zuschauer jedes Mal. Es ist nicht immer ganz leicht, dem Publikum meinungsstarke Reaktionen zu entlocken, aber mit Bukowski klappt das auf jeden Fall.

Einerseits gibt es die Männer im Saal, die lachen, glucksen und sich auf die Schenkel schlagen. Diese Männer sind definitiv ohne Partnerin in meinem Programm, und sie sind räumlich von anderen, sie vor Frauen absichernden Männern gleicher Gesinnung umgeben. Sie freuen sich darüber, dass es bei einem Abend mit dem Titel FRAUENVERSTEHER nicht »weicheierisch« zur Sache geht, sondern die Dinge auch mal beim Namen genannt werden.

Andererseits gibt es Männer, die kurz auflachen, einen weiblichen Ellenbogen in die Rippen gestoßen bekommen und abrupt verstummen. Solche Männer sind meist mit ihrer Partnerin im Saal und wurden nicht selten zunächst ohne ihre eigene Initiative mitgeschleppt. Diese Männer sind in meinen Programmen sehr häufig anzutreffen. Ohne ihre Partnerinnen wären sie kaum auf die Idee gekommen, an diesem Abend in ein Theater zu gehen, um sich einen Frauenversteher anzusehen, eigentlich wären sie lieber vor dem Fernseher geblieben oder hätten sich mit »den Jungs« auf ein Bier getroffen.

Dieser Typ Mann ist die moderne Form des Homo domesticus, des durch die Partnerschaft mit einer modernen Frau domestizierten Mannes. Er ist flexibel, anpassungsfähig, weiß um die Probleme von heterosexuellen Partnerschaften und ist darüber hinaus bereit, weiter dazuzulernen. Tief vergraben aber, noch weit hinter dem Hypothalamus, schlummert bei diesem Mann der archaische Urtyp, der selbstverliebte Machismo, der gern mehr Raum für sich hätte. Genau dieser Bereich wird von Bukowskis Zitat angesprochen und hervorgekitzelt. Aber ähnlich wie bei Peter und Claudia realisieren diese Männer noch im Lachen selbst, dass sie soeben eine Grenze überschritten haben. Die Partnerschaft, in der sie leben, hat klare Regeln und fest definierte Grenzen. Solche Partnerschaften existieren bereits seit längerer Zeit, beide kennen sich gut und wissen um den einen oder anderen Fehler des anderen. Der Ellenbogen der Partnerin ist nicht mehr als die physische Bestätigung seiner eigenen Einsicht, hier einen Schritt zu weit gekichert zu haben.

Aber wie reagieren Frauen auf dieses Zitat von Bukowski? Auch hier lassen sich im Wesentlichen zwei große Gruppen unterscheiden. Auf der einen Seite sehe ich Frauen, die empört ihrer Missbilligung über das lästerliche Zitat Ausdruck verleihen, indem sie buhen, ihre Männer mahnend ansehen oder sich zusammenfinden, um Arbeitsgruppen zu bilden.

Auf der anderen Seite – und das ist wirklich interessant – sehe ich oft Frauen, die ebenfalls lachen, schmunzelnd nicken und sich dann ganz offensiv nach Artgenossinnen umschauen, um deren Reaktionen zu beobachten. Bei diesen Frauen handelt es sich nicht selten um selbstbewusste Ü30-Exemplare, die sich ihrer eigenen Attraktivität bewusst sind und gerne damit kokettieren, dass sie andere Frauen für nicht chancengleich im Wettbewerb der körpereigenen Ansehnlichkeit erachten. Sie schauen sich deshalb nach den anderen Frauen um, weil sie sehen wollen, wo diejenigen sitzen, die buhen, und wie sie aussehen. Innerhalb des weiblichen Publikums lassen sich hier oft überaus perfide Prozesse beobachten.

»Feminismus existiert nur, um hässliche Frauen in die Gesellschaft zu integrieren.« Die Frauen, die an dieser Stelle buhen, werden von den Frauen, die lachen, oft mit wissend mitleidigen Blicken angesehen. Unter den Frauen bemerke ich zuweilen blitzartige Vergleichs- und Rankingwettbewerbe. Eine Zuschauerin sagte nach einer Veranstaltung einmal ganz offen zu mir: »Diejenigen, die bei dem Bukowski-Zitat buhen, fühlen sich in ihrer eigenen Unansehnlichkeit natürlich ertappt und reagieren ablehnend.« Eines kann man mit Gewissheit sagen: Bukowski ist auch heutzutage immer noch für die eine oder andere Provokation gut, über die sich trefflich streiten lässt.

Helen Rowland und die reichen Männer

Wenden wir uns nun einem Zitat von Helen Rowland zu. Die amerikanische Schriftstellerin und Journalistin ist berühmt für ihre spitzfindigen Aussprüche über Männer und Frauen. Einer davon lautet wie folgt: »Wenn du siehst, wen einige Mädchen heiraten, weißt du, wie sehr sie es hassen müssen, ihren Lebensunterhalt selbst zu verdienen.«

Obwohl Helen Rowland von 1875 bis 1950 gelebt hat, bleibt ihr Ausspruch bis heute unglaublich aktuell. Den meisten ist der bisher wohl öffentlichkeitswirksamste Bestätigungsfall bekannt, als am 27. Juni 1994 die nur sechsundzwanzigjährige Anna Nicole Smith, ein ehemaliges H&M-Modell und mäßig erfolgreiche US-Schauspielerin, den neunundachtzigjährigen Milliardär J. Howard Marshall heiratete. Natürlich würde niemand der inzwischen unter tragischen Umständen verstorbenen Frau Smith vorhalten wollen, sie hätte damals nicht aus Liebe einen fast neunzigjährigen Milliardär geheiratet. Dennoch kann man sich besonders vor dem Hintergrund des Zitats von Frau Rowland kaum des Verdachts entziehen, dass bei Frau Smith neben der großen Liebe vielleicht der Aspekt des Monetären auch eine gewisse Rolle gespielt haben könnte. Wäre Herr Marshall mit seinen neunundachtzig Jahren nicht Milliardär, sondern bitterarm gewesen, wer weiß, ob sich Frau Smith dann ebenso in ihn verliebt hätte?

Liebe in den Zeiten der Armut

Was uns zu der Frage führt, inwiefern Liebe mit dem sozialen und finanziellen Status der Liebenden zusammenhängt. Böse Zungen gehen noch einen Schritt weiter und behaupten: »Es ist nicht wahr, dass Frauen einen Mann suchen, der viel arbeitet, es genügt ihnen einer, der viel Geld hat.« Dies sagte eine Zuschauerin nach einem meiner Auftritte im Berliner Quatsch Comedy Club.

Ganz von der Hand zu weisen ist sicher nicht, dass man ab und zu überaus junge, intelligente und sehr attraktive Frauen in Begleitung sehr viel älterer und sehr viel wohlhabenderer Männer beobachten kann. Die erste Frage, die man sich bei solchen Konstellationen stellt, lautet dann aber nicht: »Was findet so ein reicher, alter Mann nur an dieser wunderschönen, jungen, intelligenten Frau toll?« Man fragt sich eher, was eine solche Frau an so einem Mann toll findet.

Aber da man als Außenstehender nur die Fassade erblickt und die wahren Gründe für die traute Zweisamkeit nicht kennen kann, sollte man vorsichtig mit seinem Urteil sein. Möglicherweise teilen sie beide ein ungewöhnliches Hobby und sammeln für ihr Leben gern Fahrpläne von Nahverkehrsbetrieben? Dabei haben sie sich kennen- und lieben gelernt, als sie die Eigenheiten der Buslinien acht und vierundzwanzig miteinander verglichen. Es wäre denkbar, dass es so gekommen ist, dennoch drängt sich uns wohl eher ein anderer Verdacht auf. Die umgekehrte Variante übrigens, dass man eine reiche, alte Frau in leidenschaftlicher Begleitung eines überaus attraktiven und durchtrainierten Mannes Ende zwanzig durch die Straßen der Stadt flanieren sieht, ist deutlich seltener in der Öffentlichkeit und in der Boulevardpresse anzutreffen, oder?

Wenn ich Helen Rowland bei meinen Liveauftritten zitiere, stelle ich mitunter fasziniert fest, dass einige Männer im Saal, die mit ihrer Partnerin im Parkett sitzen, plötzlich ins Grübeln kommen. Sie überlegen genau, was die tiefer gehende Bedeutung des Zitats für sie und ihre eigene Partnerschaft heißen könnte. Die Vermutung liegt nahe, dass diese Männer bei Eintritt in die Partnerschaft mit der nun neben ihnen sitzenden Frau finanziell deutlich besser gestellt waren als ihre Partnerin; sie haben, wie man früher sagte, »nach unten geheiratet«. Jetzt überlegen sie, ob es neben der großen Liebe weitere Gründe deutlich banalerer Art seitens der Frau gegeben haben könnte, die Beziehung einzugehen.

Für die Frau ist in einer solchen Konstellation die Beziehung mit sozialem und finanziellem Aufstieg verbunden, sie hat »nach oben geheiratet«. Männer, die in so einer Beziehung leben, fragen sich ungewollt ab und zu, was passieren wird, wenn der durch sie verursachte Wohlstand plötzlich ausbleibt, wegbricht und sich spürbar verringert. Einige dieser Männer erkundigen sich dann ganz offen bei ihren Frauen: »Würdest du mich auch noch lieben, wenn ich ganz arm wäre?«

Praxistipp für Männer

Stellen Sie diese Frage nicht.

Es gibt zwei Gründe, warum Sie als Mann Ihrer Partnerin diese Frage nicht stellen sollten.

Grund 1: Bei dieser Frage wird auf unterschiedlichen Ebenen kommuniziert, der männlichen und der weiblichen. Sie als Mann stellen auf der klaren männlichen Kommunikationsebene eine sachliche Frage mit einem ernst gemeinten »Was wäre wenn«-Szenario im Hintergrund. Sie wollen tatsächlich wissen, was mit Ihrer Partnerschaft passieren würde, wenn Sie plötzlich arm wären.

Sie können sich das lebhaft vorstellen: Sie müssen das Haus verkaufen, Sie können nicht mehr auswärts essen, Sie gehen nicht mehr ins Theater, Sie werden keinen Urlaub mehr machen können, Sie werden das Auto gegen ein klappriges Fahrrad tauschen müssen und mit öffentlichen Verkehrsmitteln zur Arbeit fahren, falls Sie überhaupt noch eine Arbeit haben. (Immerhin können Sie dann weiterhin Ihrem spektakulären Hobby nachgehen und die Fahrpläne der Nahverkehrsbetriebe Ihres Ortes sammeln.) Abends kehren Sie in Ihren ärmlichen Kleidungsstücken und mit vor Gram ob des sozialen Abstiegs gebeugten Schultern zurück in die achtzehn schimmeligen Quadratmeter, die Ihnen das Sozialamt für Ihre Frau und die zwei Kinder genehmigt hat. Sie essen aus hölzernen Schalen eine wässrige Suppe vom Vortag, schauen Ihre abgemagerten Kinder an, die den verdammten Husten nicht loswerden, weil Sie sich keine Krankenkasse mehr leisten können, und hören durch die schalldurchlässigen Rigipswände, dass Ihr arbeitsloser Nachbar das Adagio for Strings von Samuel Barber[3] in seinen uralten CD-Player eingelegt hat. Sie sehen, hören, riechen und schmecken Ihre Armut und stellen sich vor, wie Ihre wunderbare Frau das wohl erleben wird. Sie fragen sich: »Wird sie sich weiterhin nach mir verzehren? Wird sie mich als ihren Mann ehren, lieben, respektieren und begehren?« Wird sie es kaum erwarten können, bis Sie wieder nach Hause kommen, um dann stürmisch über Sie herzufallen? Wird sie Ihnen die löchrigen Socken von den Füßen reißen, um Sie von dort an aufwärts zu küssen und leidenschaftlich zu liebkosen? Sie fragen sich: »Wird sie mich dann tatsächlich noch lieben?«

Das heißt für einen Mann »in guten wie in schlechten Zeiten«. Das ist die männliche Kommunikationsebene. Sie als Mann wollen es wirklich wissen. Wie sieht es dann mit uns aus?

Ihre Frau als Adressatin Ihrer Frage wird diese allerdings auf der weiblichen Kommunikationsebene beantworten, indem

---

[3] Sie haben einen gebildeten, an klassischer Musik interessierten Nachbarn, der sich das als »traurigstes klassisches Stück« geltende Werk in der Originalversion und nicht in einer der zahlreichen Filmfassungen anhört. Es handelt sich um ein Arrangement des zweiten Satzes von Barbers Streichquartett String Quartet No. 1 aus dem Jahr 1936.

sie die tatsächlichen Konsequenzen Ihrer und damit wahrscheinlich auch ihrer eigenen Armut nicht wirklich faktisch durchspielen wird. Auf der weiblichen Kommunikationsebene ist Ihre Frage eine überwiegend emotionale. Frauen geben gerne emotionalen Halt, stärken gerne ihren Männern den Rücken. Die Frau auf der weiblichen Ebene hört in der Frage eine Bitte nach Unterstützung im Hier und Jetzt. Ihre Frau wird wahrscheinlich milde lächeln, Sie in den Arm nehmen und Ihnen beteuern, dass sie immer zu Ihnen stehen wird, egal, was kommen mag, aber sie wird nicht wirklich die faktischen Abgründe durchleben, unter denen Sie die Frage gestellt haben. Insofern bekommen Sie als Mann nicht die Antwort, die zu Ihrer Frage passt. Verstehen Sie das richtig: Ihre Frau meint das schon ehrlich. Sie steht zu Ihnen und möchte Ihnen das hier und jetzt, in diesem Augenblick, auch zeigen. Aber was im Fall der Fälle tatsächlich aus ihrer Liebe würde, das erfahren Sie so nicht.

Es gibt noch einen weiteren, gewichtigeren Grund, die Frage am besten gar nicht erst zu stellen.

Grund 2: Einige Frauen antworten verdächtig schnell mit: »Aber Schatz, du wirst doch niemals arm werden!«, und dann bekommen Sie einen flüchtigen Kuss auf die Wange. Diese Antwort ignoriert die Konsequenzen Ihrer möglichen Armut in Bezug auf die Partnerschaft nur allzu offensichtlich und zeigt damit deutlich, dass es sehr wohl zu negativen Auswirkungen auf die Partnerschaft kommen wird, wenn Sie plötzlich arm sind. Vielmehr noch wäre Ihnen eine solche Antwort ein Hinweis darauf, dass Ihre Frau Sie vielleicht doch des Geldes wegen geheelicht hat. Eine solche Antwort legt unangenehme Zweifel in das Hirn des Mannes.

Aus genau diesen Gründen sollten Sie, wenn Sie ein Mann sind und vor der Partnerschaft mit Ihrer Frau oder Freundin finanziell besser gestellt waren als diese, lieber nicht fragen, was passiert, wenn Sie plötzlich bis hinunter in die löchrigen Sozialmaschen der westlichen Wertegemeinschaft fallen.

Die Frauen, die dieses Buch lesen, wissen jetzt natürlich auch, welche Art Antwort sie tunlichst vermeiden sollten, wenn der Mann die eingangs gestellte Frage äußert.

Die meisten Frauen reagieren auf das Zitat von Helen Rowland übrigens beschwingt lächelnd. Dies tun sie, weil sie entweder andere Frauen kennen, auf die dieses Zitat wirklich zutrifft, oder weil sie wissen, dass das Zitat auf sie selbst überhaupt nicht zutrifft. In letzterem Fall haben wir meist Paare, die aus ähnlichen sozialen Verhältnissen stammen und wo weder der eine noch der andere nach oben oder unten geheiratet hat. Was keineswegs heißen soll, dass eine so geartete Partnerschaft grundsätzlich mehr Aussicht auf Erfolg bietet als andere. Es gibt viele weitere Aspekte in und um eine Partnerschaft, die zu beachten sind.

Sigmund Freud und die große Frage

Abschließend möchte ich Ihnen noch ein Zitat von Sigmund Freud vorstellen. Der Begründer der Psychoanalyse und vielleicht der Erste, der versucht hat, sich der weiblichen Seele auf explizit wissenschaftlichem Wege zu nähern (und damit selbstverständlich grandios scheitern musste), soll gegen Ende seiner beruflichen Laufbahn Folgendes gesagt haben: »Die große Frage, die nie beantwortet worden ist und die ich trotz dreißig Jahre langem Forschen in der weiblichen Seele nicht habe beantworten können, ist die: ›Was will das Weib?‹«[4]

Sigmund Freud ist vor über siebzig Jahren gestorben, seine Lehren und Forschungen wurden vertieft, erweitert, eine ganze Wissenschaft ist aus seinem Wirken hervorgegangen, und Sie würden dieses Buch nicht in Händen halten, wenn die

---

4 Freud soll dies gegenüber Marie Bonaparte, Napoleons Urgroßnichte, geäußert haben. Zit. n. Ernest Jones: Das Leben und Werk von Sigmund Freud. Bd. 2. Bern: Hans Huber Verlag 1962. S. 493.

Frage von Sigmund Freud abschließend und allgemeingültig beantwortet wäre.

Sigmund Freud hat unter anderem auch über Humor geforscht[5], und wie ich bei meinen Auftritten immer wieder feststelle, gibt es eine gewisse übereinstimmende Schnittmenge zwischen dem, worüber Männer lachen, und dem, worüber Frauen lachen. Es gibt aber auch Elemente, über die sich nur Männer erheitern können und wofür von den Frauen nicht selten gerügt werden. Andererseits gibt es Sachen, über die nur die Frauen lachen, ohne dafür von den Männern eine »Abmahnung« zu bekommen.

In diesem Buch gehen wir allerdings mehr der Frage nach: »Wie können wir einander besser verstehen?« Dazu sollten wir auf jeden Fall einige Unterschiede zwischen Mann und Frau nicht unberücksichtigt lassen. Wie aus den Reaktionen von Männern und Frauen auf die vorgestellten Zitate zu ersehen war, reagieren Männer und Frauen mitunter sehr unterschiedlich, mehr oder weniger humorvoll, auf sie betreffende, kurze Aussagen. Damit wird zumindest offensichtlich, dass es neben den allgemein bekannten biologischen Unterschieden zwischen Mann und Frau noch eine Anzahl weiterer Unterschiede zu beachten gibt, die für das gegenseitige Verständnis nicht unerheblich sind.

Nachdem ich mit Claudia und Peter einige Cracker an der Theaterbar verspeist hatte, erzählten sie mir ein paar Anekdoten aus ihrem Leben, an denen wir weitere Unterschiede festmachen können.

---

5 Vgl. Sigmund Freud: Der Humor (1927). In: Studienausgabe. Hg. v. Alexander Mitscherlich u. a. Bd. IV: Psychologische Schriften. Frankfurt/M.: Fischer Verlag 1969–1975. S. 275–282.

Typische Unterschiede zwischen Mann und Frau

»Heute Abend kommen Sybille und Andreas zu uns, das weißt du noch, oder?« Claudia spricht überdeutlich ins Telefon, weil sie weiß, dass Peter während seiner Mittagspause im Möbelhaus oft nicht ganz bei der Sache ist.

»Ja ja, sicher«, antwortet er geistesabwesend am anderen Ende der Leitung.

»Bringst du dann bitte die Sachen für den Salat mit? Gurken, Tomaten, Eisbergsalat …«

»Ja, natürlich«, antwortet Peter. Obwohl er hört, wie Claudias Worte an sein Ohr dringen, weiß er bereits kurze Zeit nach dem Telefonat nicht mehr, welche Zutaten er zu besorgen hat.

Hierbei handelt es sich um eine relativ häufig anzutreffende männliche Eigenheit. Warum schalten Männer »auf Durchzug«, wie Frauen es nennen, und können (oder wollen) sich nicht merken, was soeben besprochen wurde? Der Mann vermutet oft vorausschauend, was ohnehin noch gesagt wird. Im Beispiel oben denkt Peter: »Ja, klar, Salatzutaten.« Die konkrete Aufzählung ist für ihn überflüssig (meint er), und ab da hört er nicht mehr richtig zu. Das Problem dabei ist natürlich, dass gerade bei Frauen das Wichtige im Detail steckt, besonders weil viele Frauen innerhalb einer solchen Ankündigung noch viele weitere Informationen unterbringen können, die mit dem Salat nichts zu tun haben, aber vielleicht noch viel wichtiger sind: »… und denk dran, Sybille geht's im Moment nicht so gut, also halt dich am besten mit witzigen Kommentaren zurück. Lass sie einfach reden, du weißt doch, sie muss ab und zu mal Dampf ablassen. Außerdem haben wir kein Olivenöl mehr.«

»Bis nachher dann.«

Peter verbringt seinen Arbeitstag wie üblich mit dem Verkauf von Sofas im Möbelhaus, besorgt auf dem Heimweg ein paar Salatzutaten und vergisst natürlich das Olivenöl.

Frisuren – ein haariges Thema

Peter betritt die Wohnung. Zu seiner Verwunderung wird er nicht, wie sonst üblich, von Claudia begrüßt, die meist früher zu Hause ist als er.

»Hallo? Schatz? Bist du da?«, fragt er in die Stille hinein. Keine Antwort. Claudia ist noch nicht zu Hause.

Peter macht das Radio an, geht ins Wohnzimmer und setzt sich aufs Sofa.

Kurz darauf erscheint Claudia gut gelaunt und mit frischem Elan in der Wohnung. Einkaufstüten umwirbeln sie, und schwungvoll legt sie ihren Mantel ab.

»Aha«, denkt Peter, »sie war einkaufen, deswegen kommt sie später und hat so gute Laune.«

Sie begrüßen sich mit einem flüchtigen Kuss, und Claudia lächelt Peter mit leichter Aufforderung im Blick an, als sie sich mit wehendem Haar zweimal vor ihm im Kreis dreht. Peter nimmt diese Aufforderung zwar wahr, aber kann sie nicht zuordnen. Ist es eine Einladung zu einer spontanen leidenschaftlichen Exkursion ins Schlafzimmer? Oder zu einem aufreizenden Zwischenspiel auf dem Sofa, das schon seit längerer Zeit ein durchaus unerotisches Dasein führt?

Ein Einkaufsbummel kann bei Frauen ja die überraschendsten Emotionen auslösen, mitunter sogar Leidenschaft entfachen. »So eine Einladung kommt nicht alle Tage«, denkt Peter und lässt sich nicht zweimal bitten. Er umfasst Claudias Hüften, zieht sie zu sich aufs Sofa, greift ihr mit spontan lodernder Wolllust ins Haar ... und wird mit einem ärgerlichen »Hey! Was soll das? Bist du verrückt geworden? Du bringst meine neue Frisur völlig durcheinander!« weggestoßen. Claudia reißt sich von Peter los, schnauft genervt, stampft ins Badezimmer, schlägt die Tür hinter sich zu und konsultiert den Spiegel, um den angerichteten Schaden genauer zu untersuchen.

Ein unübersehbares Detail in der Unterschiedlichkeit von Mann und Frau finden wir auf den Köpfen. Frauen messen ihrer Kopfbehaarung meist eine größere Bedeutung bei als Männer. Frauen pflegen ihr Haar anders, sie frisieren es anders, sie behandeln es anders, und sie geben mehr Geld dafür aus. Daraus resultierend erhoffen sie sich eine gesteigerte Aufmerksamkeit und Anerkennung, wenn sie etwas mit ihrem Haar »angestellt« haben, denn »die Frisur ist die Krone der Schöpfung, sie macht aus jeder Frau eine Königin«.[6] Das vorangegangene Missverständnis bei Claudia und Peter ist typisch dafür. Die Frau geht »heimlich« zum Friseur, lässt sich die Haare machen und erwartet nun, dass die aus ihrer Sicht nahezu komplett gewandelte äußere Erscheinung vom Partner lobend, anerkennend und mit großer Begeisterung goutiert wird.

Diese Erwartungshaltung aufseiten der Frau besteht übrigens nicht von Anfang an und gilt nicht für alle Männer, sondern nur für den aktuellen Partner. Ich drücke es mal so aus: Im Laufe einer Beziehung zwischen Mann und Frau gibt es einen Zeitpunkt »F« (Frisurenerkennungszeitpunkt), den die Frau definiert. Ab diesem Zeitpunkt fortlaufend erwartet die Frau, dass der Mann von allein bemerkt, wenn die Frau beim Friseur war.

Aus dieser Formel resultieren allerdings Probleme, da sie zwei wichtige Punkte unberücksichtigt lässt:

---

6 Kuno Knäul zu Gitta Gans in: Lustiges Taschenbuch. Nr. 395. Berlin: Egmont Ehapa Verlag 2009. S. 107.

1. Festsetzung und Bekanntgabe des Zeitpunktes: Die Frau informiert den Mann nicht darüber, ab wann diese Regelung gilt. Sie sagt ihm nicht so etwas wie: »Schatz, wir sind nun drei Monate zusammen, allmählich würde ich es sehr begrüßen, wenn du ohne meine Mithilfe, quasi von allein, bemerken würdest, wenn ich beim Friseur war, denn das ist mir schon wichtig.« Es gibt auch keine Hinweise in schriftlicher Form, keine Zettel an der Kühlschranktür, keine Postings in sozialen Netzwerken, nichts! Problematisiert wird die Sache zusätzlich dadurch, dass jede Frau diesen Zeitpunkt ganz individuell unterschiedlich setzt, die meisten sogar unbewusst. Keine Frau sagt zu sich selbst: »Ab heute Mittag Viertel nach eins gilt es, ab da muss er es bemerken.« Es ist mehr so ein Gefühl, das auftritt, wenn der Mann die neue Frisur nicht bemerkt. Leider gibt es auch keine übergeordneten Regeln, nach denen sich ein solcher Zeitpunkt errechnen lassen könnte. Man kann auch nicht sagen, es dauert X Wochen oder Y Monate, da dieses Gefühl bei der einen Frau schon nach wenigen Wochen auftauchen kann, bei einer anderen erst nach einigen Monaten liebender Zweisamkeit und Vertrautheit. Es gibt für Männer also keine Möglichkeit zu erfahren, ab wann sie besonderes Augenmerk auf die Frisur zu legen haben.

2. Frisurerkennungshemmung: Die meisten Männer bemerken es einfach nicht, wenn die Frau beim Friseur war. Es sei denn, sie hat seine Brieftasche benutzt, aus der plötzlich hundertzwanzig Euro fehlen, und sie sieht genauso aus wie vorher. Dann könnte der Mann anhand deduktiver Logik wie ein Prof. Dr. Dr. Dr. Augustus van Dusen[7] kombinieren: »Warte kurz! Die Uhr sagt mir: Du kommst später als gewohnt nach Hause. Mein Portemonnaie teilt mir mit, dass hundertzwan-

---

[7] Professor van Dusen alias »Die Denkmaschine« ist eine Detektivfigur in der gleichnamigen Hörspiel- und Comicreihe von Michael Koser. Erfinder der Figur und Autor einiger Van-Dusen-Geschichten ist der amerikanische Schriftsteller Jacques Futrelle. Vgl. Jacques Futrelle: Der überflüssige Finger und andere große Fälle der Denkmaschine. Siegen: Affholderbach & Strohmann Verlag, 1987.

zig Euro fehlen. Mein Blick sagt mir: Du hast **keine** Einkaufstaschen dabei und siehst genauso aus wie zu dem Zeitpunkt, als du die Wohnung verlassen hast. Conclusio: Du warst beim Friseur!« Aber heutzutage haben die meisten Frauen ihr eigenes Portemonnaie und verdienen ihr eigenes Geld, da fällt diese Möglichkeit leider weg. Wie also können wir dieses haarige Problem in den Griff bekommen?

Am Anfang unserer Beziehung hatte ich mit meiner Ehefrau tatsächlich ein solches Problem (sie kam erwartungsvoll vom Friseur nach Hause, ich bemerkte nichts). Ich griff damals den Stier bei den Hörnern und sagte ihr ganz offen und ehrlich, dass wir Männer nicht besonders gut im Erkennen von neuen Frisuren seien, ich als Frauenversteher aber natürlich wisse, dass es sie freuen würde, wenn ich ihre neue Haartracht bemerken und würdigen würde. Wir setzten uns daraufhin zusammen und überlegten, was zu tun sei.

Meine Frau schlug vor, dass sie mir ein paar Hinweise geben könnte, die es mir leichter machen würden. Ich fand diese Idee toll, und wir freuten uns, dass wir so prima über alles reden konnten und uns gegenseitig so gut verstanden.

Es vergingen einige Wochen, und ich hatte (typisch Mann) unser Gespräch über Frisuren schon fast vergessen.

Irgendwann kam meine Frau nach einem samstäglichen Stadtbummel mit Freundinnen nach Hause, warf fröhlich lachend ihr wunderschönes Haar in den Nacken, drehte sich vor mir im Kreis, schaute mich auffordernd an, blinzelte mir übertrieben ironisch zu und sagte: »Na?!«

Ich war zuvor noch mit etwas ganz anderem beschäftigt gewesen, schaute sie einigermaßen verständnislos an und meinte nur: »Was, na?« Das war irgendwie kein guter Satz, er resultierte einfach aus meiner Verblüffung über ihr überaus ungewöhnliches Verhalten.

Meiner Frau sanken die Schultern, sie seufzte vernehmlich, atmete tief ein, wackelte mit dem Kopf und sagte überdeutlich, als wäre ich ein Kleinkind: »Fällt – dir – **irgendetwas** – an – mir – auf?«

Mir war inzwischen ganz unwohl zumute. So hatte ich sie noch nie erlebt, nicht einmal zu Silvester im Jahr davor, wo wir beide ordentlich einen getrunken hatten. Ich machte mir fast ein bisschen Sorgen, was hatten ihre Freundinnen beim Einkaufsbummel mit ihr angestellt? Ich fragte sie ganz vorsichtig: »Sag mal ... hast Du Alkohol getrunken?«

An diesem Tag stellten wir fest, dass es auch für uns noch viel zu tun gibt, um zu optimalem Verständnis zu gelangen.

Aber so schnell wollte ich nicht aufgeben und versuchte es mit einer anderen Methode (was allerdings, ich sage es Ihnen gleich, ebenfalls schiefging). Ich wagte alle paar Tage einen »Schuss ins Blaue«. Sie kam nach Hause, und ich überschlug mich prophylaktisch einfach mal so vor Begeisterung, indem ich sagte: »Wow! Du siehst ja heute noch fantastischer aus als sonst ohnehin schon. Ich hätte nicht gedacht, dass so etwas noch möglich ist, aber die neue Frisur unterstreicht deine natürliche Schönheit noch einmal deutlich. Ich sollte dem Friseur eine Dankeskarte schicken, Wahnsinn, was er mit deinen Haaren angestellt hat!«

Auch Männer gehen mitunter zum Friseur, geben dort aber selten so viel Geld aus wie Frauen. Generell können wir einigermaßen überrascht feststellen, dass die Preislisten für Friseurarbeiten an Frauen deutlich höher ausfallen als die für Männer.

Was uns zu der Frage führt, warum ein Friseurbesuch von Frauen teurer ist als ein Männerhaarschnitt. Ich habe schon zahlreiche Zuschauer meiner Kabarettprogramme bei der Lösung dieses Mysteriums um Hilfe gebeten, und die Antworten weisen ein breites Spektrum an Vermutungen auf.

Einige (Frauen) sehen mich an, lachen ob meiner »Fleischmütze« und sagen: »Ist doch klar, bei Männern gibt es weniger zu tun, die haben weniger Haare, das ist weniger Arbeit, also kostet es auch weniger.«

Andere (Männer) behaupten: »Das liegt daran, dass die Frauen beim Friseur so viel quatschen müssen, da wird dann die Redezeit mit berechnet. Zeit ist Geld.«

»Frauen haben mehr individuelle Wünsche, Haare schneiden heißt für sie nicht nur schnipp-schnapp, Haare ab, sondern waschen, schneiden, Haartypberatung, tönen, föhnen, Styling, Pflege und viel mehr.«

Was auch immer der Grund sein mag, vielleicht erwarten Frauen aufgrund des höheren Preises mehr Anerkennung und Aufmerksamkeit nach einem Friseurbesuch als Männer. Jedenfalls sind die wenigsten Männer enttäuscht, wenn ihr Friseurbesuch nicht bemerkt wird. Friseurbesuche werden unter Männern auch nie groß öffentlich gemacht, das könnte mitunter nämlich nur dazu führen, dass die anderen Jungs anfangen zu singen: »Du – hast – die – Haare schön, du hast die Haare schön, du hast, du hast – du hast die Haare schööön!«

Praxistipp für Frauen: Wie Sie das Problem mit den Haaren in den Griff bekommen

Meine Damen, besorgen Sie sich einen kleinen Zettel (DIN A1 oder DIN A0 sind ausreichend, bitte nicht kleiner!) und beschriften Sie diesen mit einem schwarzen oder roten Filzschreiber mit mehr als einem Zentimeter Schriftbreite mit dem folgenden Text:
Lieber (hier tragen Sie den Namen Ihres Partners ein),
ich bin beim Friseur! Wenn ich nachher nach Hause komme, sei bitte ehrlich überrascht und freue Dich mit mir über die neue Frisur.
Vielen Dank für Dein Verständnis!
Deine (hier tragen Sie Ihren Namen ein)
Auf www.carsten-hoefer.de/buchbonus, meiner Internetseite, können Sie sich auch gratis eine Vorlage zum Ausdrucken herunterladen. Falls Sie keinen A0-Drucker haben, können Sie den »Zettel« auch einfach auf sechzehn DIN-A4-Seiten ausdrucken und wie ein BRAVO-Starschnittposter zusammenkleben.

Ich selbst war, wie Sie anhand des Autorenfotos sicher schon ganz richtig vermutet haben, seit langer Zeit nicht mehr in eigener Sache beim Friseur. Ich habe mir für diese Zwecke einen praktischen Haarschneider zugelegt, mit dem ich einmal pro Woche meine kopfkränzenden Haarreste auf passende Kürze bringe.

Was mich aber trotz – oder vielleicht sogar eher wegen? – meiner jahrelangen Friseurabstinenz immer wieder aufs Neue begeistert, sind die Namen der Salons, die sich diese Gilde einfallen lässt. Oft handelt es sich dabei um mehr oder weniger gelungene Wortspielereien, über deren Kundschaft anziehende oder Kundschaft abreckende Wirkung sich trefflich streiten lässt. Wenn ich mit meinen Kabarettprogrammen auf Tour bin, »sammle« ich in den unterschiedlichsten Städten besonders einprägsame Namen von Friseurläden.

Vielleicht kennen auch Sie einen Salon mit dem Namen »Vier Haareszeiten«? Den habe ich nämlich schon in mehreren Städten gesehen. In Hamburg sah ich ein Frisiergeschäft, das sich »Kurz und schmerzlos« nannte, was mir persönlich richtig gut gefiel. In Berlin fand ich einen Salon »Hin & Hair«, in Frankfurt freute ich mich über »Haargenau«, in Köln hob ich eine Augenbraue bei »Philhaarmonie«, in Münster gibt es »Kaiser-Schnitt«, wo ich als Frau wahrscheinlich nicht hingehen würde. Dann lieber nach München ins »Haarleluja« oder nach Paderborn ins »Schnipp-Schnapp«.

Haben Friseure möglicherweise eine höhere Affinität zu Wortspielen als andere Berufsgruppen? Bei Ärzten jedenfalls habe ich bisher kaum eine solche Begeisterung für die Namensgebung der Fachpraxis gesehen. Aber vielleicht handelt es sich dabei auch nur um den Prozess einer natürliche Auslese, denn ein »Chirurg Schnipp-Schnapp« dürfte wohl eher mit geringen Patientenzahlen rechnen und sich kaum lange im Geschäft halten.

Schnibbeloutsourcing

»Hilfst du mir beim Salat?« Claudia lächelt einladend und reicht Peter das Messer.
»Oh, ja, natürlich, gerne«, lügt Peter und nimmt das angebotene Schneidwerkzeug entgegen.
Nachdem Peter und Claudia in der Anfangszeit ihrer Beziehung gerne gemeinsam gekocht hatten, machte sich im Laufe der Jahre eine schleichende Schwerpunktverlagerung innerhalb der gemeinsamen Nahrungszubereitungsprozeduren bemerkbar. Während in der ersten Zeit mal Peter, mal Claudia die oberste Verantwortung für das Essen übernommen hatte, ist es inzwischen meist so, dass Claudia den Posten der Küchenchefin für sich beansprucht, während Peter überwiegend für die niederen Arbeiten zuständig ist. Besonders dann, wenn sich Gäste angekündigt haben, ist es Claudia, die die Rezepte aussucht, die Einkäufe zusammenstellt (die er zu besorgen hat) und die Zubereitung überwacht. Peter hingegen darf (oder sollte man sagen »muss«?) schnibbeln, schneiden, schälen. Die drei »Sch«, wie er es inzwischen nennt.

Was wir hier lesen, beschreibt eine relativ typische Situation einer gemeinschaftlichen Nahrungszubereitungssituation moderner Paare am Wochenende. Wir können übrigens feststellen, dass sich diese Art der Aufgabenverteilung in evolutionärer Art und Weise entwickelt hat. Noch in der Generation meiner Eltern zum Beispiel war die Aufgabenverteilung beim »Essenmachen« ganz anders gelagert. Ich konnte das als Kind (in den Wollstrumpfhosen meiner Schwester) gut beobachten. Mahlzeiten zuzubereiten hieß damals: Die Mama macht das Essen, und der Papa, der macht schon einmal den Sessel warm. Meine Eltern waren da beileibe nicht die Einzigen, bei denen das so ablief. Aber heutzutage hat sich durch den Siegeszug der Emanzipation eine Einbindung des Mannes in die Nahrungszubereitung etabliert. Die moderne Frau von heute erwartet ganz selbstverständlich, dass sich der Mann gefälligst aktiv an der Nahrungszubereitung beteiligt.

In sehr modernen Partnerschaften können wir noch eine weitere interessante Gewichtsverlagerung beobachten. Die moderne, selbstbewusste Frau von heute ist in vielen Fällen so planerisch, geradezu unternehmerisch systematisch in der Küche tätig, dass inzwischen alle irgendwie unangenehmen Arbeiten an den Mann »outgesourct« werden. Ich spreche hier von den sogenannten niederen Tätigkeiten innerhalb des breiten Spektrums immer gleich bleibender Küchenverrichtungen, wie etwa die von Peter erwähnten drei »Sch«: schnibbeln, schälen, schneiden. »Schnibbeloutsourcing« ist bei modernen Frauen durchaus beliebt. Das heißt, der Mann muss heutzutage die Gurken schneiden, mit tränenden Augen die Zwiebeln würfeln und weitere Handlangertätigkeiten verrichten, die zwar einerseits notwendig sind, andererseits aber auch bei Misslingen das Gesamtwerk nicht ernstlich in Gefahr bringen können. Der Mann wird oftmals, nennen wir es ruhig beim Namen, zum »Schnibbelheini« abkommandiert. Die Frau sorgt sich derweil um die wirklich wichtigen Dinge, sie agiert wie die Chefin im Fernsehkochstudio. Sie rührt zusammen, delegiert Aufgaben, hat die »Gewürzkompetenz«, achtet auf die Agenda und hat die Oberaufsicht über alle anstehenden Tätigkeiten. Während sie dies zeitgleich verrichtet, arbeitet der Mann still und hoch konzentriert an seinen Schnibbeleien.

Männer arbeiten sehr exakt und geradlinig

»Wo bleiben die Gurken?« Claudia schaut Peter fragend an und sieht, dass er erst die Hälfte der von ihm zu zerteilenden Salatgurke geschafft hat, dafür allerdings sind die Gurkenscheibchen wirklich penibel genau, sehr exakt und gerade.

Ich habe oft gesehen, dass Männer die ihnen anvertrauten Tätigkeiten mit nahezu professionellem Eifer erfüllen. Dabei ist es prinzipiell egal, welcher Art die Tätigkeit ist. Darüber hinaus legen sie gesteigerten Wert darauf, dass das Ergebnis ihrer Arbeit »gerade« ist. Ein relativ typischer Ausspruch von Männern ist der Satz: »Das muss gerade sein!« Männer lieben Dinge, die gerade sind, gerade Linien, rechte Winkel, solche Sachen. Daher benutzen Männer auch so gerne Wasserwagen oder, wie einige Männer dieses Gerät nennen, »das Ding mit dem Fischfurz in der Mitte«. Mit so einer Wasserwaage lässt sich ganz hervorragend überprüfen, ob die Dinge »gerade« sind. Regale, Bilder, Möbel aller Art, mitunter prüfen Männer so auch, ob ihr Körper »in Waage« ist, indem sie das Prüfgerät an den unterschiedlichsten Stellen ihres Körpers anlegen.

Die Liebe der Männer zu allem, was »gerade« ist, meine Damen, erklärt im Übrigen auch, warum Männer so gerne in den Baumarkt gehen. Ich weiß, ein Baumarktbesuch ist für eine Frau nicht unbedingt ein emotionales Ereignis, aber mein Tipp an die Damen: Gehen Sie einfach einmal mit, wenn er wieder in den Baumarkt geht. Begleiten Sie ihn, und beobachten Sie ihn, wie er durch die klar strukturierten und mit riesigen Überschriften versehenen Gänge des Baumarktes streift (diese Gänge sind alle ganz gerade nebeneinander angeordnet). Es gibt Männer, die dann irgendwann an dieser riesigen Regalwand mit den Drei-Meter-Kanthölzern wie entrückt stehen bleiben. Sie schauen sich diese Kanthölzer an, nehmen sich ein solches aus dem Regal heraus, legen ein Ende des Holzes auf den Boden, und das andere Ende halten sie sich direkt vor das rechte Auge. Das linke Auge wird zielend zugekniffen, und bei einigen schiebt sich die Zunge seitlich aus dem Mund heraus. Viele Frauen fragen sich beim Anblick solcher Männer: »Was macht der da?« Nun, er prüft auf diese Weise, ob das Kantholz auch schön gerade ist.

»Und«, fragen einige Frauen dann, »kaufst du es jetzt?«

»Nein, ich wollte nur mal schauen, ob es gerade ist«, antwortet der Mann.

Das Prüfen der Geradlinigkeit einer Sache oder eines Gegenstandes ist für einige Männer bereits Freude genug. Genau deshalb gehen viele Männer auch bei den von ihnen auszuführenden Tätigkeiten überaus exakt und geradlinig ans Werk.

Frauen und schwedische Möbelhäuser

Frauen bevorzugen im Hinblick auf großflächige Verkaufsräume schwedische Möbelhäuser, die vom Aufbau gegenüber standardisierten Großbaumärkten ganz anders, eher frauenfreundlich beziehungsweise männerabweisend aufgebaut sind. Während beide Varianten bei Ankunft noch relativ gleich konstruierte Parkplatzflächen aufweisen, ändert sich der Aufbau nach Betreten des Gebäudes schlagartig.

In einem Baumarkt sehen Männer sich nach dem Durchschreiten der übergroß mit »EINGANG« beschrifteten Pforten für gewöhnlich einer klar nebeneinander angeordneten, mit Zahlen und Texten versehenen Reihengliederung der einzelnen Abteilungen gegenüber. Mit wenigen Blicken wird absolut jedem klar, wie und wo er in möglichst kurzen Wegen was findet. Der Mann schaut mit einem um knapp dreißig Grad nach oben geneigten Kopf auf die riesigen Schilder und freut sich: »Gang 01 – Werkzeug. Super! Schnell einen VDE-Kreuzschlitzschraubendreher in Größe PH1 holen.« Dann marschiert er zurück auf den Mittelgang, wo er abermals sämtliche Abteilungen im Überblick hat. »Prima! Gang 08 – Tapeten. Kurz den Kleister in den Wagen.« Abermals in den Mittelgang, Blick nach oben: »Optimal! Gang 12 – Autozubehör. Scheibenreiniger im Angebot mitnehmen, dann ab zur Kasse und tschüss!« Denn das ist ein weiterer Pluspunkt, den Männer an Baumärkten zu schätzen wissen: Hinter dem Kassenbereich liegt sehr unmittelbar der riesig mit »AUSGANG« beschriftete Weg in die Freiheit. Die ganze Aktion dauert bei der typisch wohlstrukturierten männlichen Vorbereitung (er weiß genau, was er braucht, und schlägt zielgerichtet zu) maximal fünfzehn Minuten. Männer können bei einem Baumarktbesuch auch gut auf die Begleitung der Partnerin verzichten, sie generieren für sich keine zusätzlichen emotionalen Momente aus weiblicher Baumarktbesuchsbegleitung.

Bei Frauen und »ihren« schwedischen Möbelhäusern sieht es völlig anders aus, und auch der Ablauf ist ein ganz anderer.

Es beginnt damit, dass Frauen es sehr wohl genießen, wenn der Partner mit ähnlicher Begeisterung wie sie selbst die nicht selten längere Anfahrt bis zum nächsten IKEA absolviert. Da die meisten Männer den Horror eines IKEA-Möbelhauses aber bereits mehrmals durchlebt haben, kommt hier selten große Begeisterung auf, was die Vorfreude der Frau wiederum deutlich schmälern kann. Wenn sein Gequengel während der Anfahrt nicht nachlässt, sondern stärker wird, drohen einige Frauen sogar: »Wenn du nicht augenblicklich damit aufhörst, dann gebe ich dich gleich direkt in der Kinderbetreuung ab, dann kannst du dich im Bällchenbad ausheulen, bis ich dich da wieder abhole!« Somit gibt er klein bei, hält sich bedeckt und ergibt sich in sein Schicksal.

Gemeinsam betreten sie die heiligen Hallen von Billy, Bonde und Gutvik. Halt suchend schaut der Mann sich um, der Aufbau des Gebäudeinneren erschließt sich ihm erst nach Blick auf den »Lageplan« des Hauses. Augenblicklich überkommt ihn eine erste aufwallende Panik. Anstatt eines klar rechtwinkligen Aufbaus mit Mittelgang und durchnummerierten Abteilungen erkennt er ein labyrinthartiges Gewirr von verschlungenen Gängen, eigentlich ist es nur ein einziger Weg, der ihn durch **sämtliche Abteilungen** des Möbelhauses führt. Es offenbart sich ihm ein heimtückischer Versuch, die Besuchszeit künstlich auf das maximal Mögliche auszudehnen. Der mit Pfeilen auf dem Boden vorgezeichnete Weg zwingt ihm die größtmögliche Distanzbewältigung vom Eingang zum Ausgang auf. Wie viele Kilometer sind da abzulaufen? Er hätte seine Joggingschuhe anziehen sollen, um wenigstens gut gefedert zu sein. Vorsichtig tastend begibt er sich auf die ersten Meter einer schier endlos scheinenden Odyssee, die er von Besuch zu Besuch mehr zu hassen lernt. Und es ist nicht die Länge der Strecke allein, die ihm übel aufstößt. Es kommt noch hinzu, dass er jedes Mal, wenn er mit seiner Partnerin dort ist, den immer gleichen Weg komplett neu abzuschreiten hat und sich dabei die immer gleichen Möbel immer wieder ansehen muss.

Warum macht IKEA das? Weil Frauen es lieben.

Einige Frauen schlendern mit geradezu frommer Anteilnahme und in größter Seelenruhe über die Bodenpfeile, verharren hier, schauen dort und müssen noch mal kurz zurück, weil sie sich die Kommode unbedingt doch aus der Nähe ansehen müssen.

Es gibt Frauen, die bis zu viermal im Jahr (einige noch öfter!) in einen IKEA gehen, jedes Mal neu den vorgezeichneten Maximalweg bewältigen und jedes Mal neu an ein und derselben Kommode stehen bleiben. Sie prüfen sie von außen, legen dabei ihr Kinn auf Daumen und Zeigefinger, streichen mit den Händen über das Möbelstück, öffnen langsam ein paar Schubladen und testen dann die kleine Tür an der Frontseite. Das tun sie jedes Mal, auch noch beim vierten Besuch. Dann gehen sie in die Hocke und betrachten sich das Ganze erneut aus der Nähe, dabei visualisieren sie die Kommode in ihren eigenen vier Wänden und emotionalisieren die Momente, in denen sie die Kommode bei sich zu Hause anschauen, anfassen und mit Gegenständen befüllen.

Möbel können bei Frauen Gefühle auslösen. Während Männer fragen: »Wie viel passt da rein? Ist das auch stabil genug?«, interessieren sich Frauen mehr für die »Wärme« einer Farbgestaltung oder die Frage, wie gut sich das neue Möbel in das wohnliche Gesamtkonzept einfügen wird. Abermals richtet sie sich auf, tritt ein paar Schritte zurück, legt den Kopf auf die Seite und sagt dann schlussendlich mehr zu sich als zum bereits entnervten Partner: »Also diese Kommode gefällt mir jedes Mal besser. Anfangs fand ich sie gar nicht so toll, aber je öfter ich sie anschaue, desto besser finde ich sie. Ich glaube, wenn ich sie noch zwei-, dreimal anschaue, will ich sie haben, dann kaufen wir sie.«[8] An dieser Stelle rate ich Ihnen, einen kurzen Moment innezuhalten und sich diese Szene noch einmal zu vergegenwärtigen. Eine Frau schaut sich ein und dieselbe Kommode im Laufe eines Jahres mindestens viermal, vielleicht sogar öfter, prüfend an und kommt dann zu dem Ergebnis, dass sie ihr **jedes Mal** besser gefällt?

Wie kann das sein? Ich meine, sind wir ehrlich, es ist jedes Mal immer **dasselbe** Möbelstück. Es hat sich nichts an der Kommode verändert, gar nichts. Sie hat keine andere Farbe bekommen, sie ist nicht größer geworden, sie hat keine zusätzlichen Extras erhalten und wurde auch nicht »gepimpt«. Es bleibt immer dieselbe Kommode. Wie kann man dann jedes Mal mehr Gefallen daran finden?

Männern gelingt das nicht, denn Männer gehen ganz anders an die Möbelauswahl heran. Erste Frage: Fehlt Stauraum im Wohnraum? Falls nein, dann geht er auch nicht freiwillig in ein Möbelhaus, schon gar nicht in ein schwedisches! Falls zusätzlicher Stauraum (zum Beispiel in Form von Schubladen) vonnöten ist, lautet die nächste Frage: Wo bekomme ich eine bezahlbare, passende Kommode her? Falls zu diesem Zweck IKEA angesteuert wird, besucht der Mann den Laden vollkommen anders als die Frau und nimmt auch die Sichtung anders vor. Mit Scheuklappen vor den Augen steuert er zielbewusst, strammen Schrittes und genervt ob der zahllosen Umwege auf die Abteilung mit den Kommoden zu. Dort angekommen überfliegt er die feilgebotene Ware mit scannerhaftem Blick, trifft eine Auswahl und nimmt diese näher in Augenschein. Auch der Mann tastet, fühlt, öffnet und prüft die Kommoden. Dann aber kommt er relativ zügig zu zwei möglichen Ergebnisvarianten:

1. Entweder die Kommode gefällt ihm, sie passt von den Maßen her in die Wohnung, und der Preis ist akzeptabel.

---

8 Ein häufig bei Frauen anzutreffender Gedanke ist: »**Mir** gefällt es, **wir** kaufen es.« Was in einiger Konsequenz bei manchen Paaren auch den gedanklichen Zusatz erlaubt: »**Mir** gefällt es, **wir** kaufen es, *du bezahlst es.*« Denn für Frauen kann zwischen »kaufen« und »bezahlen« durchaus ein Unterschied bestehen, während Männer bei »wir kaufen« zunächst denken, dass jeder fünfzig Prozent der erforderlichen Kaufsumme bereitstellen muss. Aber im Laufe der Beziehung lernen auch Männer diesen Unterschied kennen, und einige fragen daher später immer nach: »Und wer soll das bezahlen?« Die wenigsten Frauen sagen dann geradeheraus: »Na du! Wer sonst?« Die meisten zucken nur kurz mit trotzig verzogenem Mundwinkel die Schultern, was allerdings das Gleiche bedeutet.

Dann kauft er die Kommode **ohne weitere Verzögerung** und keinesfalls erst beim nächsten Besuch im Möbelhaus. Warum sich unnötigerweise dem Horror mehrmals aussetzen?

2. Oder die Kommode gefällt ihm aus irgendeinem Grund nicht, dann kauft er sie nicht! Und er wird sie auch niemals kaufen, wenn sich an der Kommode, ihren Maßen oder dem Preis nichts grundlegend ändert.

Männer bleiben gerne bei ihren Entscheidungen, sie nennen es »Verlässlichkeit«. Selbstbewusste Männer entscheiden schnell, zielgerichtet und ohne langes Hin und Her. Sie stehen zu ihren Entscheidungen und halten mit ihrer Meinung nicht hinter dem Berg. Findet er die Kommode auf den ersten Blick »farblich unansehnlich«, dann bleibt das so, auch wenn er noch tausendmal hinguckt. Wechselt die Kommode die Farbe nicht, ändert sich auch seine persönliche Farbwahrnehmung nicht.

Frauen gelingt diese faszinierende Wahrnehmungswandlung bei Möbelstücken aber durchaus. Im Laufe der Zeit können sie ein Möbelstück immer »ein bisschen besser« finden. Andererseits, und das ist wirklich interessant, finden wir deutlich weniger Frauen, denen dasselbe Kunststück bei ihrem Partner zu Hause gelingt. Die wenigsten Frauen sagen so etwas wie: »Über all die Jahre schaue ich dich immer wieder aufs Neue ganz fasziniert an, und jedes Mal finde ich dich ein bisschen hübscher!« Vielleicht liegt das daran, dass sich die Kommode im Möbelhaus tatsächlich nicht verändert, der Partner hingegen schon?

> **Praxistipp für Frauen und Männer, um die gegenseitige Freude und Wertschätzung zu steigern**
>
> Legen Sie alle paar Wochen den Soundtrack des Films »Armageddon«[9] in den CD-Player, wählen Sie Track 14 (Animal Crackers) an, drehen Sie den Lautstärkeregler hoch, und nachdem Ben Affleck aufgehört hat zu quatschen, sagen Sie Ihrem Partner (Ihrer Partnerin) in sprachlich leicht abgewandelter, aber inhaltlich gleichbleibender Form: »Weißt du, jetzt sind wir schon so lange ein Paar, und je öfter ich dich anschaue, umso klarer wird mir, dass du jeden Tag schöner und schöner wirst.«
>
> Wenn Sie dann beide lauthals loslachen müssen, weil Ihre Partnerin Ihnen auf den Bierbauch klopft (oder Ihr Partner Sie kräftig ins allmählich nachgebende Gesäßbindegewebe fasst), dann wissen Sie, dass Ihre Beziehung in bester Ordnung ist.

Wie auch immer. Die Frau schwebt durch den IKEA, und der Mann stolpert meist schlurfend, schnaufend und seufzend hinter ihr her. Sein Martyrium scheint kein Ende zu nehmen, das Ende, der Ausgang, ist im wahrsten Sinne des Wortes »nicht in Sicht«! Natürlich wäre es auch fatal, wenn das zehn Kilometer lange nagetierbauhafte Möbellabyrinth als schnurgerade Straße aufgezogen wäre. Dann würde dem schockierten Auge klar werden, welch übler Streich dem ansonsten reizüberfluteten Gehirn geboten wird.

Darbend und zunehmend dehydriert schleppt sich der Mann hinter seiner Angebeteten her (das heißt für Männer: »Ich liebe dich so sehr, ich würde mit dir durch die Hölle gehen!«), bis er endlich das möbelhauseigene Restaurant erreicht. Es liegt nicht ohne Grund auf circa Dreiviertel der zu-

---

9 »Armageddon – The Album« (1998).

rückgelegten Strecke. Die wenigsten Männer würden ohne zusätzliche Nahrungsaufnahme an diesem Punkt den Ausgang noch lebend erreichen! Ich glaube, es ist inzwischen sogar gesetzlich vorgeschrieben, dass jeder IKEA spätestens bei Streckenkilometer sieben Komma fünf ein Restaurant mit einer gewissen Auswahl an preisgünstigen Menüs eingebaut haben muss, die zwar weder nahrhaft noch schmackhaft sind, dem Manne aber das Überleben für die restliche Etappe sichern. Denn nachdem er sich von seiner Henkersmahlzeit erhoben hat, um erneut in die Schlacht zu ziehen, wartet auf ihn und seine Partnerin ja noch die größte »Frauenspontankauffalle«: die Deko- und Schnäppchenabteilung!

Eigentlich würde ich Sie beim Lesen dieser Worte gern ganz allein in eine spätgotische Kathedrale bei Nacht versetzen, Ihnen die ersten Takte der Toccata und Fuge d-Moll (BWV 565) von Johann Sebastian Bach wie von Geisterhand auf der riesigen Orgel vorspielen und für Sie eine gruselige Schriftart in neongrünen Leuchtlettern in Schriftgröße 386.000 über dem Altar erscheinen lassen:

Deko- und Schnäppchenabteilung!

Dabei hören Sie im Hintergrund zusätzlich das typisch dämonisch-kehlige Lachen, wie wir es aus den Gruselfilmklassikern des letzten Jahrtausends zu schätzen gelernt haben. Können Sie sich vorstellen, wie Sie sich in dieser Situation fühlen würden? Das ungefähr beschreibt die spontane Gefühlsaufwallung der Männer beim Betreten der Deko- und Schnäppchenabteilung sehr zutreffend.

Ich soll auch die entsprechenden Gefühle der Frauen mit Musik und bildhaften Szenarien für Sie visualisieren? Dann beamen Sie sich mal aus der Kirche heraus und folgen dem weißen Kaninchen aus »Alice im Wunderland« in ebendieses. Dabei hören Sie den Frühling der Vier Jahreszeiten von Antonio Vivaldi, das Zwitschern von lieblichen Vögelchen sowie das Plätschern eines Bächleins, und Sie spüren den sanften

Frühlingswind zart auf Ihrer Haut. So unterschiedlich kann ein und derselbe Verkaufsraum auf Mann und Frau wirken. Während die Frau nahezu hüpfend und springend durch all den nutzlosen Kram tingelt, mit dem sie die gemeinsame Wohnstatt auszuschmücken gedenkt, fragt sich der Mann bei jedem neuen Dekoartikel: »Wozu ist das nütze? Was **kann** das?«

Nun, meine Herren, Dekoartikel »können« nichts, sie beziehen ihre Daseinsberechtigung einzig und allein aus der weiblichen Begeisterung für sie. Frauen fragen nicht, was ein Dekoartikel kann, es reicht, dass er da ist. Im besten philosophischen Sinne gehören Dekoartikel zu den »Seienden«, weil sie »sind«.[10] So wie Männer Berge besteigen, weil sie da sind[11], kaufen Frauen Dekoartikel, weil sie da sind. Das reicht für Frauen. Wenn es dann noch passende Farben, Formen und Accessoires dazu gibt, umso schöner!

Endlich, wenn die Frau die Dekoabteilung hinter sich gebracht hat, betritt der Mann wieder halbwegs vertraute Gefilde. Es naht die SB-Abteilung, die ähnlich strukturiert daherkommt wie ein Baumarkt. Hier kann sich die Frau die Möbeleinzelteile, die sie später in der Wohnung haben möchte, vom Manne zusammensuchen und auf den Rollwagen wuchten lassen. Es gibt riesige Regalreihen, hübsch durchnummeriert und schnurgerade angeordnet, hier kennt er sich aus, hier darf er sein.

Doch die Ernüchterung lässt nicht lange auf sich warten, denn der Kassenbereich, der eigentlich Erlösung verheißt (dahinter muss irgendwo der Ausgang sein!), ist mit wartenden Familien, schreienden Kindern, genervten Singles, völlig

---

10 Über das »Sein« und die »Seienden« kann Ihnen Martin Heidegger nähere Auskunft geben. Martin Heidegger: Sein und Zeit. Tübingen: Niemeyer Verlag 2006. Das »Sein« und das »Seiende« beschäftigt die Philosophen übrigens schon seit der Antike, was meiner Meinung nach ein wenig darauf hindeutet, dass diese Jungs auch nicht ganz checken, was es eigentlich damit auf sich hat.
11 Dieser Ausspruch wird dem englischen Bergsteiger George Mallory (1886 bis 1924) zugeschrieben. Auf die Frage, warum er den Mount Everest besteigen wolle, soll er geantwortet haben: »Weil er da ist.«

überforderten Rentnern und zerstrittenen Pärchen verstopft. Anstellen, einreihen, Augen zu und in ein wattenes Paralleluniversum wegträumen, kann in dieser Situation helfen, einer Angina Pectoris vorzubeugen.[12]

Irgendwann wird auch dieses Martyrium vorübergehen, mit schockgeweiteten Augen nimmt er die zu zahlende Summe der Einkäufe wahr und lässt halbwegs paralysiert den Kassenbereich hinter sich. Doch noch ist der Ausgang nicht in Sicht. Noch muss er sich abermals einer erneuten Herausforderung stellen. Hinter dem Kassenbereich nämlich hat sich, wie eine Pustel auf dem Hintern einer schwangeren Sau, ein schwedischer Süß- und Spezialitätenladen angesiedelt, meist in trauter Zweisamkeit mit einem Hotdogstand, an dem es geröstete Zwiebeln, Ketchup, Majo, Senf und eingelegte Gurkenscheibchen gratis gibt.

Ich war schon mehrmals versucht, mich direkt vor diese »Beigabentheken« zu stellen und mir mit der IKEA-Plastikgabel die eingelegten Gurken aus der Blechpfanne direkt in den Mund zu löffeln. Ich mag Gurkensalat! Ich kann Unmengen davon essen. Vielleicht hören diese möbelinvasorischen Schweden endlich damit auf, den Ausgang hinter Hotdogs und Süßigkeiten zu verstecken, wenn sich bundesweite »Gurkenflashmobs« aufmachen, um die Gratisgurken ruckzuck wegzuputzen?

Damit kennen Sie nun den wahren und ureigentlichen Grund, warum Männer schwedische Möbelhäuser hassen und Baumärkte (egal welcher Marke) lieben: alles eine Sache der Gradlinigkeit. Wenn ein Mann allerdings, wie es nun mal seiner Natur entspricht, gewissenhaft und geradlinig zu Werke

---

12 Mehr über die Zusammenhänge zwischen Stress und gefährlichen Herz-Kreislauf-Erkrankungen erfahren Sie in Herbert Weiner: Perturbing the Organism. The Biology of Stressful Experience. Chicago: The University of Chicago Press 1992.

geht, kann dies mitunter zulasten der Schnelligkeit gehen. So auch bei Peter, der die Gurkenscheibchen zwar ganz wunderbar hübsch und gerade angefertigt hat, aber bei diesem Tempo wohl knapp fünfundvierzig Minuten brauchen würde, bis er die Salatgurke zerteilt hätte. Claudia, den Gesamtablauf im Blick und die Uhr im Kopf, hat da andere Prioritäten.

Über den Umgang mit Haushaltsunfällen

»Lass mich es machen, das geht schneller«, seufzt Claudia, nimmt Peter das Messer aus der Hand und schneidet mit geübter Beweglichkeit in kurzen Stakkatoschwüngen durch die Salatgurke. Fasziniert steht Peter daneben und fragt sich, wie sie das so schnell machen kann. Mit fliegenden Fingern senst sie eine um die andere Scheibe von der Gurke ab. Die rechte Hand schwingt in einem fast rauschhaften Auf und Ab das Messer, die Fingerspitzen der Linken ruhen fixierend auf dem Grüngemüserücken und legen die jeweils aktuelle Beschneidungsgrenze für das Messer in der rechten Hand fest. Dabei gleitet die linke Hand mit fast gleichbleibender Geschwindigkeit – die vier Finger in halbholförmiger Formation vereint, der Daumen an der Gurkenseite entlangstreichend – am Gurkenkorpus nach hinten. Ob es sich bei dieser Fähigkeit um eine uralte, genetisch bedingte und typisch weibliche Fähigkeit handelt? Sicher nicht, denn Peter weiß, dass auch viele Männer, in der Regel Berufsköche oder leidenschaftliche Hobbyköche, diese Fähigkeit beherrschen. Demnach offensichtlich eine Sache von regelmäßigem Training und langer Übung.

Die Gefahr bei dieser schnellen Arbeit mit scharfem Gerät liegt im wahrsten Sinne des Wortes auf der Hand. Die Koordination »linke Hand zieht vor, rechte Hand schneidet hinterher« kommt für den Bruchteil einer Sekunde aus dem wohlgetakteten Rhythmus, und Claudia schneidet sich in den Zeigefinger der linken Hand.

»Hach!« schnauft sie nur, legt das Messer beiseite und betrachtet die kleine Schnittwunde genauer. Fast unmittelbar darauf erscheinen die ersten Blutperlen in der Wunde und verschmelzen zu einem

dünnen Rinnsal. Doch noch bevor sich das Blut einen Weg über ihren Finger bahnen kann, schürzt Claudia die Lippen, legt den Finger daran und saugt das Blut in den Mund, um zu verhindern, dass es womöglich die Arbeitsfläche in der Küche besudelt oder am Ende sogar den schönen Salat unbrauchbar macht. Ohne jeden weiteren Kommentar begibt Claudia sich, weiterhin an der Wunde saugend, ins Badezimmer, holt ein Pflaster aus dem Apothekenschränkchen und klebt es mit der rechten Hand auf die Wunde. Sie kommt zurück in die Küche und fährt unbeeindruckt mit exakt gleicher Geschwindigkeit wie zuvor damit fort, die Gurke zu zerschneiden.

Während Peter und Claudia weiter fleißig dabei sind, für sich und ihr befreundetes Pärchen ein Abendessen mit Salat vorzubereiten, möchte ich Sie, verehrte Leserin, verehrter Leser, ein wenig eingehender mit einigen unterschiedlichen Verhaltensweisen von Männern und Frauen im Bereich von im Haushalt auftretenden Unfällen vertraut machen. Denn gerade in ganz alltäglichen, mitunter banalen Situationen kann man sehr interessante Unterschiede beobachten.

Ich konnte schon oft miterleben, wie Frauen bei kleineren Verletzungen ihre eigentliche Tätigkeit fast ohne Unterbrechung fortsetzten und nebenbei ein Gespräch führten, welches ein von der Verletzung völlig abweichendes Thema zum Inhalt hatte. Die Verletzung als solche wurde kaum beachtet. Verletzungen in »Pflasterstärke« werden von den meisten Frauen überwiegend nebensächlich behandelt.

Die meisten Männer hingegen reagieren etwas anders auf kleinere Verletzungen ihres Körpers. Nehmen wir zum Beispiel an, dass der Mann im Haushalt mit einem Hammer zugange war, um einen Nagel in die Wand zu implementieren. Auch bei dieser nur allzu alltäglichen, gern von Männern ausgeführten Tätigkeit kann es immer wieder passieren, dass der Nagel nicht auf den Kopf getroffen wird, sondern eher ein Daumen oder ein den Nagel haltender Finger des Mannes die Wucht des Hammers zu spüren bekommt. In einem solchen Fall gibt es einen sehr kurzen Moment der Ruhe vor dem Sturm, in welchem sich das Signal für die Verletzung des Fingers einen Weg durch die Nervenbahnen des Mannes sucht. Da es ohne Navigationsgerät auf dem Weg zum Großhirn unterwegs ist und auf keinen Fall nach dem Weg fragen würde (es ist ein männliches Schmerzsignal!), kann es bei dem einen oder anderen Mann einen längeren Moment dauern, bis er realisiert hat, was soeben passiert ist. Dann allerdings fällt seine Reaktion umso bemerkenswerter aus.

Der plötzlich auftretende Schmerz veranlasst den Mann zu einem explosionsartig ausufernden Schmerzensschrei, der je nach Alter, Bildungsgrad und frühkindlicher Sozialisation des Mannes mit Vulgär-, Fäkal- und Genitalvokabular gefüllt werden kann. Wieso Schmerz die eher abgründigen Bereiche des Sprachzentrums im Gehirn des Mannes anregt, ist bisher wenig erforscht, es lassen sich aber Vermutungen anstellen. Mir scheint, dass Schmerz bei Männern eine nicht nur enthemmende Wirkung auf die neuronalen Verknüpfungen hat, sondern vielmehr geradezu eine blitzartige Überaktivierung des Hypothalamus bewirkt. Einige Männer werden so schlagartig zum »Schmerztourettiker«, der seiner Koprolalie (schlagen Sie das mal bei Wikipedia nach) freien Lauf lässt.

Nachdem der Schrei des Mannes abgeklungen ist, getraut er sich, eine erste Sichtung der Wunde vorzunehmen. Sollte sich die gewohnte Form des Fingers verändert oder sogar Blut seinen Körper verlassen haben, so wird ihm entweder leicht schwindelig werden oder er wird den Finger sogleich weit von sich strecken, weil er den Anblick seines eigenen Blutes nicht ertragen kann. Interessant ist, dass viele Männer keine Abneigung gegen Blut an sich haben. Die meisten Männer können dem Anblick von Blut anderer Männer mit sicherem Abstand oder durch die kommerzielle Inszenierung in Film und Fernsehen sogar einen unterhaltenden Aspekt abgewinnen. Wenn es aber um das ihnen eigene Blut geht, sieht die Sache ganz anders aus.

Bei Frauen verhält es sich oftmals genau diametral entgegengesetzt. Die wenigsten Frauen, die ich kenne, schauen sich gerne Action-, Horror- oder gar Slasherfilme an, wohingegen sie ihre eigenen Blutungen, seien sie durch Verletzungen verursacht oder durch mondphasenbestimmte Zustände bedingt, durchaus gelassen und souverän behandeln. Möglicherweise liegt das daran, dass Frauen viel früher, öfter und regelmäßiger mit körpereigenen Blutungen konfrontiert werden und dabei lernen, dass dies auch auf einen gut funktionierenden Körper hinweisen kann. Frauen können die unterschiedlichen Arten von Blut in und an ihrem Körper gewissenhaft analysieren, kategorisieren und angemessen darauf reagieren.

Männer hingegen betrachten das Austreten eigenen Blutes als das Ergebnis eines von außen gelungenen Angriffs auf ihre Unversehrtheit. Sofort schrillen sämtliche Alarmglocken. Nicht nur der Körper des Mannes wurde attackiert, ebenso seine Unabhängigkeit, seiner Person im Ganzen droht Gefahr. Es hat ein Angriff auf seine Würde und Souveränität stattgefunden. Irgendetwas oder irgendjemand versagt ihm den gebührenden Respekt und hat ihm Schaden zugefügt. Hilfe suchend wendet sich der angeschlagene Mann der Frau in seiner Nähe zu. Mitleiderregend hält er ihr die zitternde, blutende Hand hin. Die Frau kümmert sich zügig und professionell darum, dass die Blutung gestillt wird, während der Mann weiter lamentierend seine Panik zu unterdrücken versucht: »Es blutet! Hast du das gesehen? Echtes Blut! Mein Lebenssaft, da rinnt er hin, schon schwinden mir die Sinne. Leb wohl, du schnöde Welt.« Wahrscheinlich schlägt er sicherheitshalber mal kurz im Gesundheitsratgeber nach, wie viel Blutverlust ein erwachsener Mann überhaupt überleben kann. Oder aber der Mann möchte seine Tapferkeit unter Beweis stellen und fängt plötzlich an, Shakespeare zu zitieren:

»Doch einer nur behauptet seinen Stand.
So in der Welt auch: sie ist voll von Menschen,
Und Menschen sind empfindlich, Fleisch und Blut;
Doch in der Menge weiß ich einen nur,
Der unbesiegbar seinen Platz bewahrt,
Vom Andrang unbewegt: daß ich der bin.«[13]

Andere Männer fluchen einfach fröhlich weiter.

Selbstverständlich ist nun nicht mehr daran zu denken, dass er sich noch an der Zubereitung der Mahlzeit beteiligt. Ruhe ist vonnöten, am besten die Füße hochlegen und erleichtert darüber nachsinnen, wie glücklich man doch sein kann, dem Tod noch einmal so gerade eben von der Schippe gesprungen zu sein. Vereinfachend könnte man sagen, dass die meisten Männer deutlich mehr Aufhebens um eine kleine Verletzung im Alltag machen als Frauen.

Warum ist das eigentlich so? Denn andererseits, so kann man doch feststellen, können Männer in anderen Situationen sehr wohl überaus tapfer sein und sogar schwerere Verletzungen mit geradezu herablassender Missachtung strafen. Knochenbrüche, Sportverletzungen aller Art, ja sogar üble Stürze nehmen sie mitunter gelassen hin, beißen die Zähne zusammen und blicken kämpferisch nach vorn.

Bei Männern spielen die Umstände, der Rahmen, die Situation, in der die Verletzung entstanden ist, eine große Rolle. Ganz besonders wichtig ist darüber hinaus der »Sinn«, das »Ziel«, der »Zweck« der Verletzung. Je geringer das Ziel, umso größer das Lamento des Mannes, denn er beklagt dann eigentlich weniger die Verletzung, als die Sinnlosigkeit derselben. Ein Schnitt in den Finger beim Gurkenschneiden ist in seinen Augen sinnlos. Was bedeutet ihm schon ein Salat für die Freunde? Aber Männer, die im Kampf um die Königstochter vom bösen Drachen in den Arm gebissen werden, haben ein ehrenhaftes, großartiges Ziel vor Augen, für das sie ihr Leben riskieren und sogar gerne bluten. Denn was gibt es doch für eine herrliche Szene, wenn der Mann blutverschmiert, völlig außer Atem und übel zugerichtet schließlich den Drachen tötet und die Prinzessin aus dem Turm befreit. Für ihn steht »die Sache« immer im Vordergrund.

---

13 Julius Cäsar, 3. Aufzug, 1. Szene; William Shakespeare: Julius Cäsar. Tragödie. Übers. v. August Wilhelm Schlegel. Hg. v. Dietrich Klose. Stuttgart: Verlag Philipp Reclam jun. 1969 (= Reclams Universal-Bibliothek Nr. 9). S. 37.

Praxistipp für Frauen

Geben Sie ihm die Möglichkeit, die Prinzessin zu retten, den Weltuntergang zu verhindern oder die Invasion Außerirdischer zu vereiteln, irgendetwas in der Art:

1. Szenario: Sprechen Sie mittelalterlich »prinzessinnenhaft« so etwas wie: »Wohlan denn, tapfrer Recke, dies Blutopfer soll mir Schwur und Zeuge Eurer Liebe sein. Doch gilt es noch, die tollkühne grüne Schlange (die Salatgurke) auf dem Altar der Treue zu ziselieren. (Dabei zeigen Sie mit priesterinnengleicher Anmut auf die Salatgurke.) So nehmet ein weiteres Mal das Schwert der Ehre und tuet, wie Euch geheißen.«

2. Szenario: Wechseln Sie das Genre und versetzen den Mann in ein actionreiches Heldenszenario: »Verdammt, die Zeit läuft uns davon! (Zeigen Sie dabei auf eine imaginäre Uhr, wenn Sie gerade keine echte in der Nähe haben.) Wenn wir es nicht rechtzeitig schaffen, die Bombe (zeigen Sie dabei auf die Gurke) zu entschärfen, gibt es eine gottverdammte Kettenreaktion der subatomaren Ebenen, und der ganze beschissene Kontinent fliegt uns um die Ohren! (Sprechen Sie dabei möglichst fatalistisch mit einer Prise kontrollierter Panik). Du bist verdammt noch mal der Einzige, der uns jetzt noch hier rausholen kann, also mach dich wieder an die Arbeit McClane – Yippiyayee Schweinebacke!«[14]

3. Szenario: Kitzeln Sie wie eine moderne Salome das Ego Ihres Partners: »Oh, es hat dich gebissen! Es wehrt sich! Es will dich vor mir lächerlich machen, es will, dass du jammerst und weinst. Das darfst du dir nicht gefallen lassen! Wehr dich, zeig mir, wer von euch beiden mehr Mumm in den Knochen hat. Töte es für mich, jetzt und hier! Töte es, schneide es in viele kleine Scheibchen, und dann serviere mir die Überreste auf einem Silbertablett.«

Mit diesem Wissen können Sie, meine Damen, die Reaktionen Ihres Partners auf kleine Haushaltsverletzungen natürlich ganz hervorragend steuern. Sollte sich Ihr Liebster also wieder einmal auf den Finger gehämmert oder eine kleinere Schnittwunde zugezogen haben, so versetzen Sie ihn mit ein paar wohlgezielten Worten flugs in ein Szenario, das die Verletzung ehrenhaft erscheinen lässt. Probieren Sie einfach aus, was bei Ihrem Partner am besten funktioniert. Männer mögen es, wenn man sie »bei der Ehre packt«, wenn es etwas gibt, für das es sich zu kämpfen lohnt.

Männerfilme – Frauenfilme

Genau aus diesem Grunde übrigens reagieren Männer und Frauen auch so unterschiedlich auf zwei bestimmte Filmgenres. Es gibt Filme, die überwiegend für ein männliches Zielpublikum gemacht werden, und es gibt Filme, die überwiegend für ein weibliches Zielpublikum gemacht werden. Die Produzenten dieser Filme wissen sehr wohl, was ein typisch männlicher und was ein typisch weiblicher Film ist.

Ich war zum Beispiel vor einiger Zeit mit meiner Frau in dem Film »Sex and the City 2« (natürlich nur, um für dieses Buch Recherchen anzustellen!). Vielleicht haben Sie diesen Film auch gesehen? Was ich weitaus spannender fand als den Film (den Film fand ich – als Mann – natürlich sterbenslangweilig, und die Problemchen der alternden Schachteln ließen mich völlig kalt), war das Publikum, das sich dort im Kino eingefunden hatte. Das Publikum bestand natürlich überwiegend aus Frauen zwischen Mitte zwanzig und Ende vierzig. All diese Frauen hatten wahrscheinlich sämtliche Folgen der sechs Staffeln »Sex and the City« im Fernsehen verfolgt (ich

---

14 Ein typischer Ausspruch von und Anspielung auf John McClane (gespielt von Bruce Willis), die Hauptfigur der Filmreihe »Stirb langsam« (1988–2007). Jeder im deutschsprachigen Raum sozialisierte Mann hat mindestens einen der Filme gesehen und wird das Zitat einzuordnen wissen.

selbst habe übrigens ebenfalls sämtliche Folgen auf DVD gesehen – ich weiß also, wer Manolo Blahnik ist!) und Stunden mit ihren Freundinnen verbracht, um viele »Achs« und »Ochs« über die Geschichten von Carrie, Samantha, Charlotte und die unattraktive Anwältin (Sie merken, da schreibt meine männliche Sichtweise), wie hieß die noch, ach ja, Miranda (!), auszutauschen.

Es gab im Kino ganz unterschiedliche Frauengruppierungen: Singlefrauen, die allein gekommen waren und leicht frustriert mit zusammengekniffenen Lippen eine Cola light schlürften. Es gab kleinere und größere Gruppierungen von »besten Freundinnen«, die schon vor Beginn des Filmes giggelnd und kichernd die Köpfe zusammensteckten, und es gab ein paar Frauen, die ihren Freund beziehungsweise Mann mit ins Kino gebracht hatten, einige dieser Frauen mit, ich nenne es mal so, »innerlich hochgezogener Augenbraue«. Ausnahmslos alle Frauen waren voll freudiger Erwartung im Hinblick auf den Film.

Wie sah es mit den Männern aus? Denn wie bereits erwähnt, saßen auch Männer in diesem absolut typischen »Mädchenfilm«. Diese Männer allerdings waren offensichtlich ihrer Partnerin zuliebe mit in den Film gegangen. Es handelte sich überwiegend um den gemeinen Homo domesticus. Und es wird Sie vielleicht nicht sonderlich überraschen, aber es muss erwähnt werden, ich sah keine Singlemänner dort oder lustige Männergrüppchen mit Flaschenbier, die sich zum »Jungsabend« verabredet hatten. Die Männer, die mit Partnerin dort waren, man konnte es ahnen, waren auch nur unter Vorbehalt mitgekommen. Entweder wurde eine Art Gegenleistung vereinbart, zum Beispiel dass die Frau ihn beim nächsten Kinoabend in einen Männerfilm begleiten muss, oder der Mann stand noch aufgrund eines »Fehlverhaltens« bei der Frau in der Kreide. Jedenfalls habe ich keinen der Männer mit gleicher Begeisterung auf die Leinwand blicken sehen wie die Frauen. Die meisten Männer haben sich still und heimlich in ihrer Bierflasche verkrochen.

Ganz anders, quasi andersrum, sah das aus, als ich mit ein paar Kumpels in dem Film »The Expendables« war. (Übrigens ein toller Film. Respekt, wie einige der nicht mehr ganz jungen Actionstars ihre Muskeln in Form halten!) Es gab zahlreiche Männergrüppchen, die sich mit Bier und zotigen Witzchen die Zeit vor dem Film vertrieben, Singlemänner, die nach Identifikationsfiguren auf der Leinwand suchten, und es gab ein paar Männer, die mit Partnerin in das Lichtspielhaus gekommen waren. Hier sah man so manche Frau mit vorgeschobener Unterlippe und verschränkten Armen im Sessel seufzen. Wahrscheinlich waren das die gleichen Paare, die einige Monate zuvor gemeinsam in »Sex and the City 2« gewesen waren, die Frauen hatten nun ihren Teil der Abmachung einzulösen.

Offensichtlich finden die meisten Männer also andere Filme gut als die meisten Frauen. Sicher gibt es auch eine gewisse Schnittmenge, die individuell ganz unterschiedlich ausfallen kann, bei solch extremen Filmbeispielen wie »Sex and the City« und »The Expendables« allerdings kann man sehr hübsche Unterschiede in den Vorlieben beobachten. Um es vereinfachend zu formulieren, könnte man sagen: Männer mögen Filme, in denen möglichst schnell möglichst viel kaputtgeht. Dabei ist es eigentlich egal, was kaputtgeht, ob nun die Welt im Ganzen, Häuser, Autos, Schiffe, gerne natürlich Dinge, die motorisiert sind.

Frauen bevorzugen Filme, in denen eine gewisse Emotionalität nicht unerheblich ist. Mitunter legen Frauen sogar gesteigerten Wert auf Dialoge und eine gut erzählte Geschichte. Eine nicht allzu niveaulose Liebesgeschichte wird zuweilen auch gern gesehen. Männer hingegen brauchen nicht zwingend eine Liebesgeschichte, die nackte Haut (der Frau auf der Leinwand) zu sehen, reicht da völlig. Für Männer ist es Liebesgeschichte genug, wenn der Typ mit dem dicken Ferrari zu der hübschen Frau mit dem knappen Jeansröckchen und der silikonesken Oberweite am Straßenrand sagt: »Na Baby, willst du mitfahren?«[15] Mehr Liebesgeschichte muss nicht unbedingt sein, es könnte zu sehr von den wichtigen Dingen im Film (zum Beispiel den Explosionen) ablenken. In Bezug auf die Dialoge legen Männer bei Filmen den Fokus eher auf schlagfertige, witzige oder hierarchisierende Sprüche, die sie gern in ihren Alltag integrieren. Weltbekannt wurden einige Zeilen großer männlicher Leinwandhelden, die Männer großartig finden, auf die Frauen aber eher entnervt reagieren.

Unrealistische Filme

»Was ist das denn für ein Blödsinn? Tut mir leid, aber das ist so dermaßen übertrieben und unrealistisch, das kann ich mir nicht angucken.« So oder ähnlich reagieren viele Frauen, wenn sie mit ihrem Partner einen »typischen Männerfilm« anschauen (müssen). Frauen langweilen sich, machen abfällige Bemerkungen, verlassen das Sofa oder den Kinosessel, fangen an, nebenher andere Dinge zu tun, oder schlafen einfach ein.

Meine eigene Ehefrau ist im Kino während der lautesten Actionszenen von »Spider-Man« eingeschlafen! Ich muss es wiederholen: **Sie ist dabei eingeschlafen!** Ich weiß bis heute nicht, wie das rein physiologisch funktioniert. Sie ist weder übermüdet ins Kino gegangen, noch waren wir in der Spätvorstellung, es war höllisch laut, und ständig explodierten Dinge auf der Leinwand, es wurde geschrien und gekämpft, und während ich ganz im Film versunken gern zusammen mit Spider-Man von Häuserwand zu Häuserwand geschwungen wäre, um das Böse zu bekämpfen, fing meine Frau an, leise zu schnarchen, und sie war nicht die einzige Frau, die sich ein Nickerchen gönnte. Nach dem Film meinte sie nur, dass sie den ganzen Film nicht ernst nehmen könne, es sei alles so unrealistisch gewesen, sie habe sich gelangweilt und sei dann eben aus lauter Langeweile eingeschlafen.

---

15 John Silverdick zu Judie Everwet; aus dem Film »Scharfe Autos, scharfe Kurven, scharfe Miezen. Teil 6 – Alles noch schärfer!« (1997).

Praxistipp für Männer

Stellen Sie sich einmal die Auswirkungen folgender Sprüche auf Ihre Partnerin vor:
1. Sie gehen aus dem Haus und sagen »Hasta la vista, Baby!«[16]
2. Ihre Frau sagt zu Ihnen: »Ich liebe dich«, Sie erwidern gelassen: »Ich weiß.«[17] Dann starten Sie Ihr Motorrad und brausen dem Sonnenuntergang entgegen.[18]
3. Nachdem Ihre Partnerin Ihnen etwas erzählt hat, sagen Sie: »Es ist brillant, sich mit dir zu unterhalten, beschränkt und einfältig, aber brillant.«[19]
4. Sie haben eine kleine Meinungsverschiedenheit mit Ihrer Partnerin, hören sich ihre berechtigten Vorwürfe an und erwidern nach kurzer Pause mit deutlich erhobener Stimme: »Bin ich ein Arschloch? Sind meine Kinder gestört? Ist meine Ehefrau eine monetengeile Hure? Ich meine, das sind doch Fragen, oder?«[20]

Es ist sehr wichtig, dass Sie sich die Auswirkungen der eigenen Freude halber bitte nur vorstellen. Dann werden Sie mit mir übereinstimmen, dass Sie es nicht wirklich bei Ihrer Partnerin auszuprobieren brauchen. Denn oft reagieren die Frauen im wahren Leben irgendwie anders als die Frauen in den Filmen.

---

16 T800 (gespielt von Arnold Schwarzenegger) zu seinem Widersacher T1000, kurz bevor er ihn mit einem gezielten Schuss in viele gefrorene Einzelteile zerlegt; aus dem Film »Terminator 2« (1991).
17 Han Solo (gespielt von Harrison Ford) zu Prinzessin Leia; aus dem Film »Star Wars – Das Imperium schlägt zurück« (1980).
18 Wie Judge Dredd (gespielt von Silvester Stallone) kurz vor Ende des Films; aus dem Film »Judge Dredd« (1995).
19 Ben Richards (gespielt von Arnold Schwarzenegger) zu Damon Killian; aus dem Film »Running Man« (1987).
20 Bill Costigan (gespielt von Leonardo DiCaprio) zu Onkel Ed; aus dem Film »Departed – Unter Feinden« (2006).

Es ist absolut faszinierend, was Frauen und Männer in Filmen als »realistisch« und »unrealistisch« wahrnehmen beziehungsweise wie wichtig ihnen diese Dinge beim Anschauen von Filmen oder Fernsehsendungen sind. Natürlich wissen auch Männer, dass die Helden in »ihren« Filmen nicht echt sind und meist übermenschliche Fähigkeiten besitzen, und genau aus diesem Grund lieben sie ja solche Filme. Männer können sich wunderbar mit ihren Leinwandhelden identifizieren, sie verlieren sich gerne in den unterschiedlichsten Genres und freuen sich über möglichst unrealistische Actionszenen. Frauen sehen das oft ganz anders und »schalten ab«, wenn es für sie zu »unrealistisch« wird. Sogar Batman lachen sie aus und sagen: »Ist doch bescheuert, wie der da in Latex rumfliegt.« Da hilft es auch nichts, meine Herren, wenn Sie ihr erklären, dass Batman nicht fliegt (Batman kann nicht fliegen, das war Superman, aber egal), sondern ab und zu springt, wenn es die Situation erfordert. Einige Frauen gehen sogar so weit, dass sie bestimmte Genres kategorisch ablehnen.

Praxistipp für Männer

Falls Sie sich in weiblicher Gesellschaft einen Film ansehen möchten, rechnen Sie bei diesen Genres mit folgendem Einspruch Ihrer Begleiterin.
Science-Fiction: Blödsinn, denn Raumschiffe, Außerirdische, Warptechnologie, Laserschwerter etc. gibt es nicht.
Fantasy: Blödsinn, denn Hobbits, Orks, Telekinese und der ganze Quatsch sind lächerlich, weil unrealistisch.
Action: Auch Blödsinn, da völlig übertrieben.
Horror: Blödsinn, da eklig und übertrieben.

Diese Art der Diskussion über »realistisch« und »unrealistisch« ist eigentlich müßig, da Film und Fernsehen per se unrealistisch sind und unrealistische, meist verkleinerte oder vergrößerte Bilder zeigen. Sämtliche dort gezeigten Dinge und Vorgänge entsprechen nicht der Realität, da sie entweder von vornherein als fiktiv geplant wurden oder aber allein durch die Art des Mediums selbst auf unrealistische Weise verfremdet werden. Völlig egal, was man sich im Kino oder im Fernsehen anschaut: Nachrichten, Dokumentationen, Interviews, Quizshows, Liveübertragungen – alles ist durch Technik verändert, verkürzt oder sonst wie aufbereitet und damit per Definition unrealistisch. Real ist wirklich nur die Realität und niemals das Abbild davon.

Die wenigsten Frauen allerdings legen an typische Mädchenfilme (oder Serien) die gleiche Messlatte an und strafen sie mit »unrealistischem Einspruch«. Aber da sollten wir schon gerecht sein, denn auch »Sex and the City« ist alles andere als eine realistische Serie. Ich will hier nicht auf sämtliche hanebüchenen, verlogenen und bizarren Auswüchse der Serie eingehen, aber wie realistisch ist es, bitte schön, dass eine Frau mit dem Verfassen nur einer einzigen wöchentlichen Kolumne in einer New Yorker Zeitung so viel Geld verdient, um sich eine ziemlich große Wohnung in einer der besten Straßen von Manhattan leisten zu können?[21] Ganz zu schweigen davon, dass sie dann immer noch genug Geld übrig hat, um in jeder Szene ein komplett neues Designeroutfit spazieren zu tragen.[22] Wenn Sie wissen, was lediglich ein einziges Paar Schuhe von Manolo Blahnik kostet, dann werden Sie mir zustimmen, dass es absolut unmöglich aka unrealistisch ist, so viel Geld mit einer einzigen Kolumne zu verdienen.[23]

---

21 Die fiktive Adresse von Carrie Bradshaws Apartment lautet 245 East 73rd Street. Damit wohnt sie mitten in der New Yorker Upper East Side, einem der elegantesten und teuersten Viertel der Stadt.
22 Allein im Kinofilm »Sex and the City 2« trägt Carrie Bradshaw einundvierzig verschiedene Outfits im geschätzten Gesamtwert von rund acht Millionen Euro. Rechnen Sie das mal für die Serie hoch.
23 Falls Sie mehr über den absolut unmöglichen und bizarr unrealistischen Lebensstil von Carrie Bradshaw erfahren möchten, empfehle ich Ihnen folgenden Link: http://the-frenemy.com/post/5366472538/carrie-bradshaw-math

Carrie Bradshaw ist nicht weniger unrealistisch als Spider-Man, aus meiner Sicht sogar eher mehr, denn Spider-Man hat immer dasselbe Outfit an (er pimpt es nur von Film zu Film ein wenig auf), und es ist nicht von Prada, Gucci oder Versage!
»Unrealistisch« kann man als Argument also wirklich nicht gelten lassen. Aber auch auf dem Gebiet von Film und Fernsehen sollten wir auf Kommunikation achten. Als Gentleman-Kabarettist bin ich ja eher ein Versöhner als ein Spalter, und daher rate ich sowohl den Männern als auch den Frauen, nicht darauf zu schauen, was an den Lieblingsserien und -filmen des jeweils anderen »unrealistisch« ist. Wir sollten uns auch nicht darüber lustig machen, denn so wie einige Frauen Carrie Bradshaw »lieben«, so sehr bewundern viele Männer ihre Leinwandhelden.

Praxistipp für Frauen

Sie möchten in Zukunft beim gemeinsamen Anschauen von Filmen Ihre Beziehung verbessern, meine Damen? Dann sagen Sie das nächste Mal, wenn Sie mit Ihrem Partner einen »Männerfilm« gucken, nicht: »Ist doch völlig bescheuert, das geht doch gar nicht.« Falls Sie während des Films wirklich unbedingt etwas kommentieren müssen (das ist bei Männern meist verpönt!), dann sagen Sie: »**Ich verstehe nicht, wie** er das schaffen kann.« Darauf kann Ihr Mann erwidern: »Ich erkläre es dir nach dem Film, Schatz.«

Praxistipp für Männer

Sie möchten in Zukunft beim gemeinsamen Anschauen von Filmen Ihre Beziehung verbessern, meine Herren? Dann lege ich Ihnen folgende Formel ans Herz, falls Sie mit Ihrer Partnerin Mädchenfilme anschauen (müssen): »Was könnte dieser Film **für unsere Beziehung** bedeuten?« Daraufhin kann die Frau ganz wunderbar ihre Emotionen und Gedanken zu dem Film mit Ihnen besprechen und »Mehrwert« beziehungsweise »Zusatznutzen« für die eigene Beziehung gewinnen. Frauen mögen das, und Männer profitieren ebenfalls davon.

Pärchenabendessen

»Könntest du dann bitte schnell noch die Zwiebeln würfeln? Ich will das hier bis kurz vor sieben fertig haben.« Peter stöhnt innerlich auf, aber was soll er machen, er ist »weisungsgebunden«, zumindest empfindet er das seit einiger Zeit so.

Heute haben sich Sybille und Andreas angekündigt, ein befreundetes Pärchen von Claudias Seite. Peter kann Sybille nicht ausstehen, was er gegenüber Claudia natürlich nie offen erwähnen würde. Er hält Sybille für eine geschwätzige, kleine, aufdringliche Person, die nicht in der Lage ist, Distanz zu wahren, wenn es angebracht ist. Ihre Fragerei in privaten Dingen empfindet Peter oft als impertinent und sie verunsichert ihn auf eine Weise, die ihn wütend macht. Hinzu kommt ihre schrille Lache, wenn sie sich amüsiert, was leider allzu oft der Fall ist, auch wenn sich außer ihr kein anderer amüsiert und es eigentlich auch nichts zu lachen gibt. In den unpassendsten Momenten klirrt diese Lache mitunter so grell durch die Luft, dass andere Menschen in ihrer Umgebung das Phänomen des »Fremdschämens« überkommt, jedenfalls geht es Peter so. Er versucht, seine Abneigung im Sinne eines gütlichen Zusammentreffens der Paare hinter einer Maskerade freundlicher Unverbindlichkeit zu verbergen. Sybilles Freund Andreas kann einem leidtun, findet Peter. Sicher hat er in der Partnerschaft mit Sybille nichts zu melden.

Einer der kritischen Aspekte in der Beziehung zwischen Mann und Frau tritt auf, wenn es Antipathien gegenüber bestimmten Personen des neu hinzugewonnen Freundeskreises gibt. Allerdings offenbaren sich auch deutliche Unterschiede in der Art und Weise, wie Mann oder Frau damit umgehen.

Wenn, wie im oben beschriebenen Fall, der Mann die beste Freundin seiner Partnerin nicht leiden kann, dann wird er das, so er denn weise ist, seiner Partnerin niemals direkt sagen. Er wird versuchen, auf eigene, schweigsame Weise die nervige Person zu meiden, zu ignorieren oder zu umgehen. Sollte einem Mann doch einmal so etwas herausrutschen wie: »Also, deine angeblich beste Freundin geht mir ja so was von auf die Nerven, es ist mir wirklich peinlich, wenn wir in der Öffentlichkeit mit ihr zusammen gesehen werden«, dann kann er sich darauf gefasst machen, dass er fortan nicht nur ein Problem mit der besten Freundin seiner Partnerin, sondern auch mit seiner Partnerin selbst hat. Frauen messen der Beziehung zu ihrer »besten Freundin« geradezu symbiotischen Charakter zu, und wer die beste Freundin beleidigt, hat auch den Symbionten (oder besser: die Symbiontin) mitbeleidigt.

Bei Männern verhält es sich mit ihren besten Freunden hingegen etwas anders. Natürlich halten auch Männer fest zusammen und stehen in guter Freundschaft füreinander ein, sie lassen sich gegenseitig nicht im Stich und helfen einander, wo es nötig ist. Dennoch »verschmelzen« sie nicht so miteinander, wie das auf weiblicher Seite oft der Fall ist. Männer können daher auch besser mit Kritik gegenüber ihrem besten Kumpel umgehen. Darum dürfen Frauen es viel offener aussprechen, wenn sie bestimmte Eigenschaften am besten Freund des Partners nicht leiden können: »Dein ach so toller Freund stinkt, macht frauenfeindliche Witze und hat überhaupt keine Manieren, es ist schrecklich, wenn er mit dabei ist.« Eine so von der Frau geäußerte Kritik werden viele Männer entweder als Kompliment werten, oder sie werden gelassen entgegnen: »Ja, stimmt, er kann schon ein echtes Arschloch sein, aber genau deshalb ist es ja auch so lustig mit ihm. Na ja, du musst ja beim nächsten Mal nicht mitkommen.« Männer sehen und respektieren die Fehler ihrer männlichen Freunde, sie können prima damit leben und sie werten Kritik daran nicht als persönliche.

Begrüßungsrituale

Punkt sieben Uhr stehen Andreas und Sybille vor der Tür.

Peter strafft sich, atmet noch einmal tief durch und versucht, seine Toleranzschwelle hochzufahren. Mit vom Zwiebelschneiden tränenden Augen und zerschnittenen Händen steht er trotz der Ankündigung des Besuchs ein wenig unvorbereitet im Flur.

»Wow, du siehst toll aus!«, begrüßt Sybille ihre Freundin ganz unecht, geradezu amerikanisch überzogen, wie Peter findet. Dann gibt es noch ein Küsschen hier, ein Küsschen da, und sogar Peter wird in die »Küsschen auf die Wange«-Mangel genommen, ohne sich ernsthaft zur Wehr zu setzen. Wie in einer dieser zahllosen amerikanischen Seifenopern, die Peter beim Zappen immer schnell wegdrückt, wirkt Sybille auf ihn. Wahrscheinlich wird sie gleich ständig »Oh my god!« ausrufen. Während Sybille sogleich mit wehenden Haaren den Flur entlangstürmt und mit ihrem ganzen Wesen die Wohnung für sich vereinnahmt, schlurft Andreas schüchtern wirkend hinterher und grüßt auf die ihm eigene, einsilbige Art: »Hi.«

»Hi«, grüßt Peter zurück.

Männern wird oft nachgesagt, sie würden sich nicht auf Subtext verstehen. Das allerdings ist nicht ganz richtig, wie ich an diesem relativ typischen Begrüßungsbeispiel kurz erläutern möchte. Wenn zwei Männer sich mit einem knappen »Hi« begrüßen, beinhaltet das mehr Subtext, als die Einsilbigkeit der Begrüßungsformel zunächst vermuten lässt. Dadurch, dass beide Männer dieselbe Kurzform der Begrüßung verwenden, zeigen sie einander gegenseitigen Respekt. Der

Subtext lautet in etwa: »Ja, wir kommunizieren auf Augenhöhe, wir sind von gleichem Rang, und ich versuche nicht, dir meine Probleme aufzuhalsen oder dich mit anderen Belanglosigkeiten zu nerven. Prima, dass wir beide das schon mal geklärt haben, ich freue mich auf die nächsten zwei Stunden Geselligkeit mit dir, bei denen wir bitte nur das Allernötigste aussprechen und genau deshalb eine ganze Menge Spaß miteinander haben werden.«

Weibliche Begrüßungsrituale haben innerhalb von Freundeskreisen ganz anderen Charakter. Oft wird inniger Körperkontakt gesucht, es wird gedrückt, geküsst und geherzt. Die Frauen bezeugen sich dadurch ehrliche Zuneigung, die Bereitschaft, offen auf die Emotionalitäten der anderen einzugehen und die wohlige Wärme der Freundschaft auszustrahlen. Für viele Männer ist diese Art der Begrüßung nicht immer angenehm, es hängt sehr von der Sympathie der Küsschen ausführenden Person ab. Vielleicht hat das damit zu tun, dass bei einigen Männern die »Zwangsverknutschung« durch die eigene Großmutter noch während der einsetzenden Pubertät zu mitunter traumatischen Erlebnissen geführt hat.

Ich habe andererseits schon oft Frauen beobachten können, die augenscheinlich völlig begeistert Begrüßungsküsschen auch an Frauen verteilen, von denen der Mann (in diesem Falle ich) weiß, dass sie die beküsste Frau eigentlich gar nicht leiden können.

Wobei ich festhalten muss, dass sich meist die Männer den Ritualen der Frauen anpassen und freundlich Küsschen und Umarmungen erwidern, auch wenn sie es bei ihresgleichen nicht tun würden. Frauen hingegen passen sich seltener an männliche Begrüßungsrituale an, indem sie den Mann mit einem »High five« begrüßen und dabei lachend sagen: »Na, du alter Ferkelwämser? Alles fit im Schritt?«

Über Humor lässt sich (nicht) streiten
Sybille wirbelt ihre Jacke an die Garderobe und fährt fort: »Oh my god, ihr glaubt ja nicht, was mir heute passiert ist!«

»Erzähl, was denn?«, *fällt Claudia sofort ein und ermuntert Sybille damit, ihre Geschichte zu erzählen.*
»Ich war ja heute mit Ira beim Yoga.«
»Mit Ira? Etwa von Steffi die Ira? Die lesbische Ira?«
»Genau die. Du wirst nicht glauben, was bei denen in der WG los ist.«
»Gibt's etwa wieder Ärger mit dem einzigen männlichen Mitbewohner?«
»Genau, man könnte sich ja fragen, warum ein lesbisches Pärchen mit einem heterosexuellen Pärchen in einer Wohngemeinschaft lebt, aber man steckt ja nicht drin, nicht wahr?«
»Das habe ich mich auch schon oft gefragt.«
»Jedenfalls sitzen die mal wieder zu viert am gemeinsamen Küchentisch und haben WG-Besprechung.«
»Warum? Gab es einen Anlass?«
»Natürlich Marc, der einzige Kerl in der WG.«
Peter hört nur mit einem Ohr zu, die Geschichten von der »gemischten« Pärchen-WG kennt er schon. Meist handelt es sich um Variationen ein und desselben Themas: Der Mann ist entweder der Dumme oder das Ferkel. Peter hat den Verdacht, dass Sybille die Geschichten vom WG-Marc nur als Vorwand nimmt, um »durch die Blume« Andreas und Peter und wahrscheinlich die Männer generell zu verunglimpfen. Es ist nicht zu überhören, dass Sybille wie immer Partei für die homosexuellen Frauen ergreift.
Peter ist zwar nicht der Meinung, dass er Marc verteidigen muss oder generell seine Artgenossen zu vertreten habe, es nervt ihn aber, mit welcher Aggressivität und Selbstverständlichkeit Sybille über den wehrlosen Marc in dessen Abwesenheit herzieht. Er hört etwas genauer hin, um sich zu vergewissern, was sie heute gegen ihn vorzubringen hat.
»Ihr wisst ja, dass die da in der WG so einen Putz- und Ordnungsplan haben, nicht wahr? Jedenfalls hält sich Marc, dieser Versager, offensichtlich schon seit längerer Zeit nicht besonders gewissenhaft daran.«
Peter lehnt sich innerlich zurück. Irgendwie will er Sybille ihr Rumgehacke auf Marc und den Männern diesmal nicht ungestraft

durchgehen lassen. Irgendetwas in ihm sträubt sich, er kann Sybilles Art einfach nicht länger ertragen. Peter schaltet sein Gehirn auf erhöhte Wachsamkeit, während er Sybilles Ergüssen zunächst stumm weiter zuhört.

»Alle vier Wochen ist er mit diesen Aufgaben dran, die reihum die Mädels auf ihre Weise bestens erledigen. Aber, was soll ich euch sagen? Er tut es nicht! Jedenfalls nicht richtig! Er bringt den Müll nicht raus, spült das Geschirr nicht ordentlich ab, und die Blumen gießt er auch nicht, könnt ihr euch das vorstellen? Ich meine, also bitte, was ist schon groß dabei? Bei den Frauen gibt es da natürlich nie Probleme. Nur der eine Kerl in der WG, der kriegt das nicht hin.«

Peter nutzt die Gelegenheit, um kurz, aber prägnant die Aufmerksamkeit auf sich selbst zu ziehen, indem er sich für alle vernehmlich räuspert.

»Weißt du, Sybille, für gewöhnlich bin ich ja nicht immer mit dir einer Meinung, aber heute ist das anders.«

»Ach ja?«

»Ja, ich denke du hast vollkommen recht, und ich stimme dir in dem, was du eben gerade gesagt hast, hundertprozentig zu: Müll rausbringen, Geschirr spülen, Blumen gießen, das ist nichts für Männer, das könnt ihr Frauen einfach besser!«

Ab diesem Punkt verläuft der Abend nicht wie üblich, und Sybille und Andreas verabschieden sich früher als sonst.

Was hier zu beobachten ist, zeigt die Unterschiede bei der Anwendung und Wirkung von Humor bei Männern und Frauen noch einmal sehr deutlich. Schon Sigmund Freud hat in seinem Essay »Der Humor« von 1927 festgestellt, dass Witz und Humor oft vom leidenden Subjekt zur Kompensation einer als unerträglich empfundenen Situation gebraucht werden, was auf die oben beschriebene Situation überaus zutreffend erscheint.[24] Auch moderne Schriften bezeugen, dass

---

24 Vgl. Sigmund Freud: Der Humor (1927). In: Studienausgabe. Hg. v. Alexander Mitscherlich u. a. Bd. IV: Psychologische Schriften. Frankfurt/M.: Fischer Verlag 1969–1975. S. 275–282.

provokanter Humor in Stresssituationen ausgleichend wirken kann.[25]

Praxistipp für Männer

Frauen sind bei der Wahl des Witzes durchaus anspruchsvoll und strafen Fehlwitze sowie ihre Verbreiter oft mit kühler Missachtung oder Schlimmerem. Wenn Sie dem entgehen wollen, sollten Sie bei Witzen und (vermeintlich) witzigen Bemerkungen und Kommentaren Folgendes berücksichtigen:

1. Witze über die beste Freundin sind selten erlaubt.
2. Ebenso verbieten sich Witze über die Gefühle der Frau.
3. Auch Frauen diskriminierende oder abwertende Witze werden in den wenigsten Fällen goutiert.
4. Außerdem kommen sexistische oder fäkalhumorige Witze bei Frauen im statistischen Mittel signifikant weniger gut an (passives sexistisches und fäkalhumoriges Vergnügen) als bei Männern. Frauen kennen darüber hinaus viel weniger solcher Witze als Männer (aktives sexistisches und fäkalhumoriges Vergnügen), und sie können (oder wollen) sich solche auch nicht so gut merken wie Männer.[26]

---

25 Vgl. Matthias Pfennig: Humor und Provokation in beraterisch-supervisorischen Kontexten. Eine Einladung zu einer effektiven und befreienden Grundhaltung. Referat gehalten auf der 9. Fachtagung: Supervision im pastoralen Feld, Akademie Franz-Hitze-Haus, Münster, 5. bis 8. März 2007.
26 Vgl. Prof. Dr. Simon Proktolsky: Aktives und passives sexistisches und fäkalhumoriges Vergnügen bei Mann und Frau. Eine Kurzzeitstudie über Auswirkung und Kenntnis von 100 Klassikern des nicht jugendfreien Witzes bei 100 Frauen und 100 Männern. Gröbnitz: Hohnegger Verlag 2010.

Tragischerweise kommt es dabei aufgrund unterschiedlicher Humorauffassungen von Mann und Frau oft zu Missverständnissen. Wenn Männer in schwierigen, stressreichen und unangenehmen Situationen die Problematik durch einen Scherz zu entschärfen versuchen, empfinden dies Frauen leider oft als unangemessen, despektierlich oder sogar verletzend. Wenn der Mann dann bemerkt, dass nur er über den Witz lacht und die Frau eher konsterniert die Arme verschränkt, versucht er meist mit den Worten »Ich hab doch nur einen Witz gemacht« die Situation zu retten, was nie gelingt, da die Frau genau diesen Umstand als überaus unpassend empfunden hat. Es gibt für Frauen übrigens mehr und andere Situationen, in denen keine Scherze erlaubt sind, als bei Männern. Männer müssen daher in der Gegenwart von Frauen mit Witzen größere Rücksicht und Vorsicht walten lassen. Einige wenige Frauen können in von Männern dominierten Gruppierungen als überaus effektives Humorkorrektiv wirken.

Männerkommunikation – Männer mögen Monologe

Eine der großen Hauptschwierigkeiten zwischen Mann und Frau liegt im großen Problemfeld Kommunikation verborgen. Über diese Thematik ist bereits viel veröffentlicht worden, und zwar gerade deshalb, weil bisher keiner genau feststellen konnte: Woran liegt das eigentlich? Und: Was können wir dagegen tun? Dieses Buch schließt endlich diese eklatante Lücke.

Bei Claudia und Peter haben wir bereits gesehen, dass sie in bestimmten Situationen sehr unterschiedlich, um nicht zu sagen »geschlechtsspezifisch«, kommunizieren.

Zu Beginn des Buches habe ich Ihnen Aufklärung und vor allen Dingen Lösungsansätze versprochen, die Spaß machen. Um Ihnen diese liefern zu können, bin ich ganz tief in die Problematik zwischengeschlechtlicher Kommunikation eingetaucht. Dazu habe ich zunächst eigene Untersuchungen durchgeführt, um der Sache wirklich einmal wissenschaftlich auf den Grund zu gehen.[27]

Eines nämlich ist auffällig: Kommunikation zwischen Mann und Frau ist oft mit Problemen und vor allem Missverständ-

---

27 Vgl. Carsten Höfer: The extraordinarily analysis of female and male communication systems in modern life. In: Biological & Psychological Times XI (2010). S.356-399.

nissen verbunden. Kommunikation innerhalb der jeweiligen Geschlechtergruppen allerdings funktioniert meist ganz hervorragend.

Sie werden vielleicht auch schon bemerkt haben, dass Kommunikation in reinen Frauenformationen völlig reibungslos vonstattengeht. Wenn sich Frauen untereinander unterhalten, kann man oft beobachten, dass sie sich gegenseitig versichern, wie gut sie sich verstehen, und dass es ganz offensichtlich und einleuchtend ist, worum es geht. Meist können die Frauen auch nicht nachvollziehen, wieso ihre Männer sie nicht verstehen. Wortwechsel wie der folgende sind unter Frauen keine Seltenheit: »Das hab ich ihm auch so gesagt, und eindeutiger geht's doch nun wirklich nicht, oder?«

»Ja, ich finde das auch völlig einleuchtend, ist doch klar, dass du in der Situation so reagiert hast, ich wäre genauso eingeschnappt gewesen, wahrscheinlich sogar noch mehr.«

»Aber er kapiert das irgendwie nicht!«

»Was gibt's denn daran nicht zu verstehen?«

Auf der anderen Seite funktioniert Kommunikation in reinen Männergruppierungen ebenfalls bestens. Übrigens bestätigen sich auch Männer untereinander oft, wie wenig ihre Frauen sie verstehen. Hierzu ein typisches Beispiel männlicher Kommunikation:

»Und sie hat doch selber vorher original gesagt: Dann geh doch mit deinem Kumpel Billard spielen! Klar und deutlich hat sie es gesagt, und dann komm ich kurz nach Mitternacht nach Hause und sie ist sauer, verstehst du das?«

»Hm, keine Ahnung. Abgemacht ist eigentlich abgemacht, oder? Aber manchmal ändern Frauen ihre Meinung ja auch, ich weiß auch nicht.«

Ausgehend von diesen Prämissen machte ich mich zunächst daran, die jeweiligen Gruppen einzeln zu untersuchen. Mir war wichtig festzustellen: Wie funktioniert Kommunikation unter Frauen und wie unter Männern? Worin genau unterscheiden sich die Arten der Verständigung? Diesen analytischen Weg sollten wir einschlagen, wenn wir schlussendlich wirklich wissen wollen, wie das Verständnis zwischen Mann und Frau tatsächlich verbessert werden kann. Beginnen wir mit der Kommunikation in reinen Männergruppierungen, das ist einfacher und somit ein guter Einstieg.

Männer zwischen dreißig und fünfundvierzig – die optimale Testgruppe

Sie fragen sich vielleicht: Wie kann man das denn untersuchen? Es gibt eine ganz einfache Methode, die ich Ihnen gerne erläutern will. Sie können es in eigenen Untersuchungen bei Freunden, Bekannten, Verwandten und sogar fremden Männern testen, Sie werden sehen, dass Ihre Ergebnisse, wenn nicht exakt gleich, so doch sehr ähnlich ausfallen werden.

Gehen Sie folgendermaßen vor: Organisieren Sie sich fünf Männer im Alter zwischen dreißig und fünfundvierzig Jahren. Dieses Alter ist ideal, um typisch männliches Verhalten im kommunikativen Bereich zu analysieren. Warum das so ist, kann ich Ihnen gerne verdeutlichen.

Männer unter dreißig Lebensjahren sind kommunikationstechnisch und intellektuell noch nicht vollständig ausgereift, ihre postpubertären Verhaltensweisen neigen dazu, sich in den unpassendsten Momenten zu zeigen. Männer reifen später als Frauen, sie brauchen länger, um erwachsen zu werden. Einige Frauen behaupten, dass Männer niemals erwachsen, sondern nur ihre Spielzeuge teurer werden. Wenn wir uns die Versessenheit einiger Männer auf ständig neue technische Spielereien und Automobile anschauen, könnte man tatsächlich diesen Eindruck bekommen. Ich als Mann möchte diese Sicht der Dinge hier allerdings korrigieren. Es gibt durchaus viele erwachsene, reife Männer, die sich trotzdem gerne ein teures, großes oder besonders sportliches Automobil anschaffen. Das hat jedoch selten etwas mit ihrer Verspieltheit zu tun, eher mit Imponiergehabe gegenüber anderen Männern, tief verborgenen Minderwertigkeitsgefühlen oder nachlassenden

Lendenkräften. Ist das Auto sportlich und sieht gut aus, erleben Frauen beim verantwortlichen Fahrzeugführer oft das Gegenteil. Automobile Kompensation psychophysischer Defekte könnte man es nennen.

Im Tierreich lässt sich recht häufig Ähnliches beobachten. Kleine oder schwache Männchen befleißigen sich eines besonders üppigen Federschmucks oder eines geradezu bizarren Balztanzes, um das Weibchen zu beeindrucken. Viele kleine und schwächliche Vogelrassen oder putzige Affenarten weisen ein solches Verhalten auf. Tiere, die von Natur aus groß, stark, elegant und selbstsicher sind, wie die afrikanischen Raubkatzen zum Beispiel, brauchen das nicht. Nun muss man allerdings wissen, dass ein Vogel Pfau mit makellosem Federschmuck oder ein südamerikanisches Zwergseidenäffchen (mit plüschig weichem Fell) über das äußerlich glanzvolle Körpermerkmal ein Weibchen gleicher Art zur Prüfung der genetischen Kompatibilität einlädt. Das Weibchen kann so direkt erkennen, ob das Männchen gesund ist, ob es für den hypothetischen Fall einer Paarung auch gesunde Nachkommen in die Welt zu setzen in der Lage wäre. Der Fehlschluss bei einigen menschlichen Männchen, die versuchen, diesen Effekt über ein auffälliges Automobil bei Frauen hervorzurufen, liegt darin, dass ihnen offensichtlich nicht bewusst ist, dass das Federkleid eines Pfaus sein eigen ist, aus seinen intakten Genen und einer prächtigen Gesundheit heraus entsteht und tatsächlich einen Spiegel seiner Gesundheit darstellt, auch wenn es sich nur um einen Vogel handelt, der ein bisschen angeben will. Er ist zwar nur ein Pfau, aber er ist gesund.

Die moderne, halbwegs gebildete und nicht unerfahrene Frau von heute allerdings ist mit einem Automobil, welcher Art, Größe, Ausstattungsdetails oder Listenpreise auch immer, nicht über mangelnde körperliche, intellektuelle oder charakterliche Schwächen eines Mannes hinwegzutäuschen. Im Gegenteil. Viele Frauen ahnen bereits den Betrug, wenn der Mann sein Potenzial auf korrosionsanfällige Güter konzentriert, und werden zu Recht skeptisch. Die Steigerung dessen sind Männer, die sich ein solches Automobil zulegen und es nicht einmal komplett selbst bezahlen. Das nimmt einem Mann wirklich jede Würde! Es gibt Männer, die Autos leasen oder sogar Kredite dafür aufnehmen, anstatt den Mumm zu besitzen, sich ein für sie bezahlbares gebrauchtes Gefährt von ihrem selbst erarbeiteten Geld selbstbewusst zuzulegen.

Männer über fünfzig würden in der von uns präferierten Testgruppe einen zu großen Altersunterschied manifestieren. Es kann sein, dass Männer über fünfzig bereits andere Gesprächsthemen bevorzugen als Männer um die dreißig. Bei Männern über fünfzig erhöht sich der Anteil der wehmütig Leidenden deutlich. Die bereits erwähnten nachlassenden Lendenkräfte und der siechende Körper führen in Kombination mit einem wackligen Selbstwertgefühl gehäuft zu verschwenderischen Anschaffungen deutlich teurerer und größerer Automobile.

Organisieren Sie also für fünf Männer im Alter zwischen dreißig und fünfundvierzig Jahren einen Tisch in einem Restaurant, besser einer Gaststätte, Kneipe oder einem Bistro, und sagen Sie diesen Männern, sie sollen sich bitte ein wenig miteinander unterhalten. Sie könnten Ihre Testgruppe natürlich auch dazu auffordern, miteinander zu »kommunizieren«, dann könnte es aber passieren, dass der eine oder andere aus der Gruppe nicht genau weiß, was Sie wollen. Sie könnten diese Männer damit verunsichern. Da ist es besser, Sie vermeiden von Anfang an jedes Missverständnis und sprechen von »unterhalten« oder »reden«.

Sobald Sie Ihre Testgruppe im gewählten Lokal platziert haben, setzen Sie selbst sich möglichst unauffällig an einen benachbarten Tisch und beobachten einfach nur stumm, was nun geschieht. Ich würde aufgrund meiner Testreihen fast darauf wetten, dass diese Männer, bevor sie anfangen miteinander zu reden, zunächst einmal ein Bier bestellen. Vorher wird in den meisten Fällen herzlich wenig passieren. Vielleicht haben Sie dieses Verhalten in der Öffentlichkeit auch schon einmal beobachtet? Für gewöhnlich bestellen fünf von fünf Männern ein Bier. Warum ist das so? Dazu müssen wir uns mit einer physiologischen Besonderheit bei Männern beschäftigen.

Die Biernebenhöhle des Mannes – Cerevisia Sinus larynx

Ich habe Jahre gebraucht, um einem der medizinischen Wissenschaft bisher unbekannten Organ auf die Spur zu kommen. Durch zahlreiche Testreihen und eine Unzahl methodischer Studien konnte ich einwandfrei nachweisen: Männer haben unterhalb des Kehlkopfes eine sogenannte Biernebenhöhle, lateinisch Cerevisia Sinus larynx.[28]

Lange Zeit hat man die Funktion der Biernebenhöhle geradezu sträflich unterschätzt, viele schlecht informierte Mediziner leugnen ihre Existenz bis heute, können aber ohne sie nicht schlüssig erklären, wieso Männer vor dem Reden oft ein Bierchen trinken. Jetzt aber wissen Sie, dass diese Biernebenhöhle von elementarer Bedeutung für die männliche Sprachfähigkeit ist. Die Biernebenhöhle setzt auf der linken Seite der Speiseröhre des Mannes an. Es handelt sich dabei um eine Art kleines Röhrchen, welches durch spezifische Kapillareffekte einen nicht unwichtigen Teil des vom Manne konsumierten Bieres im Hals weiter nach oben leitet. Die Biernebenhöhle des Mannes stellt eine bipolare Verbindung zwischen Speiseröhre und dem Sprachzentrum im männlichen Gehirn dar. Wir können nun einen einfachen kausalen Zusammenhang in der Funktion zwischen von außen eingeführtem Bier, Speiseröhre und dem männlichen Sprachzentrum ausmachen. Wenn nämlich die Biernebenhöhle nicht ausreichend mit Bier gefüllt ist, dann wird das Sprachzentrum im Gehirn des Mannes nicht einmal ansatzweise aktiviert und der Mann bleibt stumm.

Genau aus diesem Grunde werden Sie auch beobachten können, dass die Bestellung des Bieres in einer reinen Män-

---

28 Vgl. Carsten Höfer: Entdeckung und Erforschung der Cerevisia Sinus larynx beim männlichen Homo sapiens. München: Nordost Verlag 2010. 453 ff.

nergruppierung anfangs beinahe nonverbal vonstattengeht. Nehmen wir einmal an, dass eine freundliche Dame an den Herrentisch kommt, um die Bestellungen aufzunehmen. Anfangs wird der erste Mann aus der Gruppe nicht viel mehr sagen als: »Pils.« Die anderen vier Männer werden kurz einatmen und mit einem herzhaft bestätigenden »Jou!« ihre Bestellung aufgeben. Eine erfahrene Servicefachkraft wird dann natürlich wissen, dass diese fünf Männer mit diesen knappen Anweisungen jeweils ein Bier bestellt haben.

Nach gut drei bis fünf Minuten, in denen die Männer kaum ein Wort sagen, bringt die Bedienung fünf frisch gezapfte Biere. Ein gut gezapftes Bier sollte entgegen einer weitverbreiteten Meinung nicht etwa sieben Minuten benötigen, da in dieser Zeit das Bier warm wird und Kohlensäure entweicht. Nach zwei Minuten sollte ein frisches Bier gebrauchsfertig sein. Rechnen wir noch etwas Zeit für die Wege der Servicefachkraft hinzu, kommen wir auf drei bis fünf Minuten, in denen sich die Männer am Tisch in wohliges Schweigen hüllen.

Ist das Bier aufgetischt, können wir oftmals ein uraltes, geradezu rituelles Verhalten beobachten. Die Männer ergreifen zeitgleich ihre Getränke, heben die Gläser, prosten sich zu und trinken gemeinschaftlich den belebenden Gerstensaft. Männer sind in solchen Dingen überaus strukturierte Wesen. Das Bier läuft innerhalb der Speiseröhre hinunter Richtung Mageneingang, wobei es die seitliche Öffnung zur Biernebenhöhle passiert und aufgrund der bereits erwähnten Kapillareffekte auch in die Biernebenhöhle eindringt, diese rasch auffüllt und schließlich das Sprachzentrum im Gehirn des Mannes erreicht. Dort eingetroffen lösen die reichhaltigen Mineralstoffe und Spurenelemente in der für Bier typischen Kombination eine faszinierende Folge von Reaktionen aus.

Wenn, wie in unserem Beispiel, einer der Männer etwas zu sagen hat, wird er relativ abrupt die Hand heben und etwas verlauten lassen wie: »Also passt mal auf, Leute! Mir ist da neulich 'ne Mördergeschichte passiert, die muss ich euch erzählen.« Ein kurzer Satz, den wir uns genauer anschauen sollten, weil wir an ihm schon eine ganze Menge typisch männlicher Kommunikationsmuster erkennen können.

Der strukturierte Ablauf männlicher Kommunikation

Fangen wir damit an, dass der Mann seinen Arm gehoben hat. Mit dieser für alle deutlich sichtbaren Geste kündigt er offiziell und formal korrekt seinen Gesprächsbeitrag an. Bereits damals in der Schule hat er dieses Verhalten erlernt und tief verinnerlicht. Erst aufzeigen und dann reden, wenn man »dran« ist. Einfach so loszuquatschen, gilt unter Männern als respektlose Unhöflichkeit. Indem der Mann aufzeigt und seiner Geste den klar definierten Phraseologismus[29] »Also passt mal auf, Leute!« folgen lässt, wird die Aufmerksamkeit der anderen am Tisch auf ihn fokussiert, und nun kann er quasi unmittelbar anschließend die Thematik des folgenden Gespräches ankündigen: »Mir ist da neulich 'ne Mördergeschichte passiert, die muss ich euch erzählen.«

Die »Mördergeschichte« ist Inhalt, Thema, neudeutsch »Content«, des nun folgenden Gespräches. Die anderen Männer am Tisch werden diese deutlichen Signale weder übersehen noch überhören, und sie werden sich nun kurz, aber gründlich der Frage zuwenden, ob die angekündigte Thematik interessant klingt. Da in unserem Beispielfall das Thema ausreichend dramatisch formuliert wurde, können wir davon ausgehen, dass dem aufzeigenden Manne volle Aufmerksamkeit zuteilwerden wird. Die anderen Männer am Tisch hören sehr aufmerksam, stillschweigend zu und stellen vor allen

---

29 Männer mögen Phraseologismen, auch wenn die wenigsten genau wissen, was das eigentlich ist. Sie benutzen sie auf ganz natürliche Weise. Ich selbst bin anscheinend ebenfalls ein großer Fan dieses stilistischen Hilfsmittels, denn ich benutze es häufig bei meinen Auftritten, wie anhand einer wissenschaftlichen Arbeit nachgewiesen wurde. Vgl. Elvira Ross: Umgang mit Phraseologismen als Gestaltungsmittel in der kabarettistischen Vortragskunst Carsten Höfers. Münster: Westfälische Wilhelms-Universität 1999.

Dingen keine unqualifizierten Zwischenfragen, die den Sprecher lediglich in seinem Redefluss behindern oder vom Thema ablenken würden. Der Wortführer darf also die gesamte »Mördergeschichte« in aller Ruhe und sehr strukturiert vortragen. Dauer, Tempo, Intonation und Sprachmelodie kann der Redner nach eigenem Gutdünken bestimmen, je nachdem, was die Geschichte erfordert.

Am offiziellen Ende der Geschichte wird nicht selten gemeinschaftlich gelacht, denn Männer beenden ihre Erzählungen gern mit einer Pointe. Nun ist es an den Zuhörern, die Geschichte lobend anzuerkennen und damit dem Redner Respekt zu zollen: »Hahaha, Mördergeschichte, wirklich ganz große Klasse!« Danach heben die Männer abermals ihre Gläser, prosten sich erneut zu, und die Runde ist offen für den nächsten Redner, wenn er denn die Regeln für eine gelungene männliche Gesprächseröffnung befolgt, die ich hier noch einmal kurz zusammenfasse:

1. Hand heben, »aufzeigen« und für alle deutlich hörbar eine knappe Aufmerksamkeitsaufforderung verlauten lassen.

2. Wenn Sie der erste Redner sind, reicht ein »Alle Mann hergehört!« oder Ähnliches völlig aus. Sollten Sie der Zweite in der Runde sein, zollen Sie dem Erstredner Respekt für seine Geschichte. Um dann aber die Aufmerksamkeit auf sich zu lenken, sollten Sie mindestens so etwas sagen wie: »Also, Leute, das war ja noch gar nichts …!«, damit Sie einen befriedigenden Aufmerksamkeitslevel erreichen. Steigerungen in der Rhetorik sind in Männergruppen durchaus erwünscht. Halten Sie da nicht hinter dem Berg.

3. Die Thematik des folgenden Vortrages muss so deutlich wie möglich, am besten wie die Überschrift in einem Sachbuch, vorangestellt werden, damit alle Zuhörer wissen, worauf sie sich einlassen, wenn sie dem Vortrag folgen.

4. Die Thematik muss ausreichend dramatisch formuliert werden und darf keinesfalls als Frage daherkommen. Männer, die ihr Gespräch mit der vermeintlich rhetorischen Frage »Darf ich euch mal was erzählen, was ich ein bisschen merkwürdig finde?« eingeleitet haben, wurden nicht selten mit einem knappen »Nö« zum Verstummen gebracht. Wenn Sie also etwas zu sagen haben, fragen Sie nicht, ob Sie es tun dürfen, gehen Sie forsch voran und schmücken Sie das Thema Ihres Vortrags mit Superlativen, Akronymen und großen Worten aus, dann wird Mann Ihnen auch zuhören.

5. Erzählen Sie in einer gut durchstrukturierten Geschichte, was Ihnen passiert ist, was Sie erlebt haben oder was Sie von anderen berichten können, und enden Sie, wenn möglich, mit einer Pointe, die Ihre Zuhörer zum Lachen bringt.

6. Erwarten Sie nicht, dass Ihnen während der Erzählung Fragen gestellt werden, das gilt unter Männern als unhöflich. Mann lässt sich ausreden und hebt sich eventuelle Fragen für den Schluss des Vortrags auf. Wenn Sie innerhalb Ihres Vortrages nicht auf Fragen verzichten möchten, dann stellen Sie bitte nur rhetorische Fragen, die die Dramatik oder die Komik Ihrer Geschichte unterstreichen.

Diese Art männlicher Gesprächseröffnungen habe ich auf meinen Tourneen schon oft beobachten können. Besonders schön finde ich, dass sich dieses Schema reihum mit leichten oder starken Steigerungen wiederholen kann, sodass jeder der redewilligen Männer mindestens einmal die Möglichkeit zu einer eigenen Eröffnung bekommt. Danach gehen die Männer entweder nach Hause oder es folgt eine neue Runde. Im Prinzip kann das immer munter neu herumgehen, bis irgendwann die Biernebenhöhle überläuft. In diesem Fall lösen sich die vorangegangenen klaren Gesprächsstrukturen nach und nach auf und sind nicht länger eindeutig beschreibbar, was nicht weiter schlimm ist, da wir immer weniger klare Kommunikationsstrukturen und immer mehr geselliges Beisammensein beobachten werden.

Wenn Sie, meine Damen, diese Zeilen lesen, fragen Sie sich vielleicht, ob Sie diese Art der Kommunikation adaptieren können, um als Frau in einer sonst von Männern dominierten Gesprächsrunde Gehör zu finden. Ich kann Ihnen bestätigen: Ja, Sie sollten es auf jeden Fall ausprobieren! Ich habe Fälle erlebt, in denen Frauen, die mit der oben beschriebenen »männlichen« Kommunikationsvariante in einer Männerrunde gearbeitet haben, begeisterte Aufmerksamkeit seitens der Männer erfuhren und nach einer irgendwie gearteten »Mördergeschichte« regelrecht erleichtert gefeiert wurden.

Falls Sie, meine Damen, auf Lob und Anerkennung männlicher Gesprächspartner Wert legen, probieren Sie mal aus, was passiert, wenn Sie einerseits deutlich sichtbar den rechten Arm heben und andererseits unmittelbar danach lautstark verkünden: »Ey Leute, aufgepasst, mir ist da neulich 'ne MÖRDERGESCHICHTE passiert, die muss ich euch jetzt mal erzählen!« Vorausgesetzt Sie enttäuschen die gesteigerte Erwartungshaltung der Männer dann nicht durch eine öde »Mädchengeschichte«, sondern haben etwas wirklich Deftiges zu erzählen, könnten Sie am Ende vielleicht sogar folgendes Lob von den Männern ernten: »Wow, Respekt, das war 'ne Supergeschichte. Du bist cool drauf, du bist echt klasse, du könntest fast ein Kerl sein!« Dabei handelt es sich um eines der größten Komplimente, die von Männergruppen an einzelne Frauen vergeben werden können. Sozusagen das kommunikative Bundesverdienstkreuz nach männlicher Quotenregelung. Nicht vielen Damen wird diese besondere Ehrung als Frau mit nahezu männlichen Gesprächsqualitäten zuteil. Da ich aber ahne, dass die wenigsten Leserinnen dieses Buches gesteigerten Wert auf diese Art von Lorbeeren legen, stellt dieses Experiment wohl eher eine hypothetische Variante dar. Aber vielleicht probieren Sie es dennoch zu Ihrem eigenen Vergnügen mal aus.

Überraschungen – Frauen lieben sie, Männer hassen sie

Wie wir gesehen haben, ist die klare Festlegung und Verkündung des Gesprächsthemas vor Gesprächsbeginn ein integraler Bestandteil der männlichen Kommunikationsstruktur. Das hängt unter anderem mit einer charakterlichen Besonderheit zusammen, die Männern gewöhnlich eigen ist: Männer wollen vorher wissen, was kommt, sie hassen Überraschungen, es sei denn, eine Überraschung wird vorher als solche angekündigt. Einige Frauen werden jetzt einwenden: »Aber wenn man die Überraschung vorher ankündigt, ist es doch keine mehr!« Nun, ich will versuchen, in aller Kürze auf das unterschiedliche Verständnis von Überraschungen bei Männern und Frauen einzugehen, um in diesem Punkt Klarheit zu schaffen.

Die meisten Frauen lieben Überraschungen, die nicht angekündigt werden und von deren Existenz sie möglichst erst dann erfahren, wenn die Überraschung startet. Eine Frau empfindet es als ein Zeichen echter Zuneigung und Liebe, wenn der Mann an ihrer Seite still und heimlich über Wochen hinweg ihre Vorlieben und Wünsche »erfühlt«, ganz ohne dass sie es merkt, wenn er ihren Monatsplan studiert, um einen passenden Zeitpunkt für die Überraschung zu finden, und wenn er alles so schön für sie vorbereitet und bezahlt, dass sie sich ganz dem Genuss hingeben kann. Sie mag es, wenn sie am Freitag nach der Arbeit von ihrem Liebsten abgeholt wird, anstatt wie üblich mit der Bahn zu fahren. Wenn er dann nicht den Weg nach Hause wählt, sondern auf die Autobahn nach Süden fährt und ein romantisches Wochenende in einem Wellnesshotel für sie beide gebucht hat, ohne dass sie davon etwas geahnt hätte, ist es perfekt. Wenn er dann seinen Wunsch nach körperlicher Vereinigung so geschickt hinter kleinen Geschenken, einem tollen Abendessen und dem Wellnesstermin verbirgt, dass es nicht als erwartete Gegenleistung für die Überraschung empfunden wird, kann es für beide ein wunderschönes Wochenende werden. So können Sie, meine Herren, Ihrer Herzensdame eine schöne Freude machen.

Sollten Sie, meine Damen, versuchen, Ihrem Herzbuben eine ähnliche Überraschung zu bereiten, müssen Sie sich darauf gefasst machen, dass das Ganze in einer emotionalen und finanziellen Fehlinvestition endet. Sie fragen sich, warum? Wo Sie so ein romantisches Überraschungswochenende doch so schön finden? Viele Männer empfinden eine unangemeldete Überraschung als Eingriff in ihre selbst verantwortete Tages-, Wochen-, ja Lebensplanung. Auch wenn es noch so lieb gemeint ist, werden sich die Männer übergangen, vielleicht sogar hintergangen fühlen. Umso schlimmer, je mehr die Frau sonst immer davon spricht, dass man in einer Beziehung keine Geheimnisse voreinander haben soll, dass man über alles reden sollte. Er wird dann denken: »Ja klar, keine Geheimnisse, über alles reden und was ist das jetzt? Sie plant von langer Hand und hinter meinem Rücken einen teuren Wochenendausflug, bei dem sie mich nicht einmal vorher gefragt hat, ob ich so etwas überhaupt gut finde. Für das Geld hätte sie mir besser endlich den Beamer fürs Heimkino kaufen können, den ich schon so ewig nicht genehmigt kriege.«

Praxistipp für Frauen für …

… ein Überraschungsgespräch: Falls Sie ein Gespräch mit einer Überraschung führen wollen, dann sollten Sie dies in der Themenbeschreibung deutlich vor Gesprächsbeginn sagen, am besten sagen Sie gleich dazu, ob es sich um eine positive oder negative Überraschung handelt: »Ich muss dir unbedingt eine für dich angenehme Überraschung mitteilen!« So kann der Mann sich emotional auf das Kommende vorbereiten. Wenn Sie ihm hingegen sagen: »Ich habe eine Überraschung für dich!«, wird er skeptisch nachfragen: »Ist es was Gutes oder was Schlechtes?« Je mehr Informationen Sie in einer knappen Themenformulierung unterbringen können, umso besser.

Falls Sie, meine Damen, ihm also gerne einmal eine romantische Überraschung bereiten wollen, ist das kein Problem, wenn Sie beachten, dass die Überraschung lediglich mit einer kleinen Vorankündigung versehen sein muss.

Praxistipp für Frauen für …

… **einen Überraschungsausflug:** Sagen Sie etwa eine Woche vor der geplanten Überraschung so etwas zu ihm wie: »Ich möchte dir gerne am kommenden Freitag, das ist Freitag der (hier nennen Sie das genaue Datum einschließlich Jahreszahl!) eine Überraschung bereiten. Ich werde dich von der Arbeit abholen, und wir machen einen Ausflug, ich sage dir aber noch nicht wohin (das ist die Überraschung!). Und bevor du dir allzu viele Sorgen machst, ja, dort gibt es fließend Wasser, Handynetz und Strom aus der Steckdose. Der Ausflug dauert bis Sonntagnachmittag vier Uhr, es sind also zwei Übernachtungen außerhalb geplant. Bitte trag es dir am besten jetzt direkt in deinen Handy-Organizer ein, damit du es nicht vergisst.«

Die genaue Uhrzeit der Rückankunft ist ganz wichtig, damit er weiter planen kann und weiß, wann die Sache ein Ende hat. Wenn er die Überraschung genießt, weiß er die Länge des Genusses zu vertiefen, wenn er die Überraschung nicht mag, weiß er, wann sein Martyrium ein Ende hat.

Am Donnerstagabend sollten Sie ihn unbedingt noch einmal an die Überraschung erinnern, damit er sich innerlich dafür wappnen kann.

Frauenkommunikation – Frauen fragen viel

Kommunikation in gänzlich von Frauen besetzten Gesprächsrunden funktioniert, das kann an dieser Stelle ruhig schon einmal verraten werden, auf eine völlig andere Art und Weise als die im vorherigen Kapitel beschriebene männliche Kommunikation. Doch um direkte und aussagekräftige Vergleiche anstellen zu können, sollten wir die gleiche »Versuchsanordnung« zur empirischen Analyse nutzen wie bei den Männern.

Organisieren Sie also fünf Frauen im Alter von fünfundzwanzig bis vierzig und setzen Sie diese einen Tag später an denselben Tisch in der gleichen Lokalität. So haben Sie quasi labortechnisch vergleichbare Standardsituationen. Sie fragen sich, warum das Alterszeitfenster der Frauen in unserer Versuchsreihe um genau fünf Jahre nach vorn verschoben wurde? Nun, damit berücksichtigen wir den Aspekt, dass Frauen eher reifen und früher die typischen geschlechtskommunikativen Eigenheiten entwickeln.

Ich bin mir sicher, dass Sie diesen Frauen keine Aufforderung zum Gespräch zukommen lassen müssen. Sie müssen nicht wie bei den Männern sagen: »Nun unterhaltet euch einfach mal ein bisschen.« Sie werden wahrscheinlich eher beobachten können, dass diese Frauen sofort und ohne Verzögerung anfangen, miteinander zu kommunizieren. In den meisten Fällen können Sie das sogar beobachten, noch während die Frauen auf den ihnen zugewiesenen Tisch zugehen. Einige der Probandinnen treffen sich möglicherweise schon vor dem Lokal auf dem Parkplatz, und schon dort wird kommuniziert.

Das Faszinierendste daran ist allerdings, dass die Frauen ihre Gespräche beginnen, ohne vorher aufzuzeigen. Wie wir bei rein männlicher Kommunikation gesehen haben, ist die visuelle Markierung eines Gesprächsanfangs ein elementarer Bestandteil männlicher Gesprächseröffnungen. Bei Frauen fällt dieses Element gänzlich weg, sie benötigen es schlicht nicht. Die Frauen starten sofort, ohne das Gespräch zuvor offiziell und formal korrekt angemeldet zu haben, mit der Kommunikation.

Das Thema in der weiblichen Kommunikation

In reinen Frauenrunden wird die Thematik des Gesprächs nicht explizit vorangestellt. Frauen sagen vorab nicht so etwas wie: »Das heutige Gesprächsthema lautet XY, dazu haben wir die Punkte 1a bis 1e zu besprechen.«

Das Erstaunliche daran: Obwohl Frauen die Themen ihrer Gespräche eigentlich nie deutlich erklären oder erwähnen, wissen dennoch alle Frauen in der Runde innerhalb von wenigen Millisekunden, worüber jetzt und im Folgenden gesprochen werden wird. Es reicht bereits völlig aus, wenn eine der Frauen so etwas sagt wie: »Gestern hab ich die Sybille getroffen ...«, und schlagartig wissen alle anwesenden Frauen, worum es geht, was es mit der Vorgeschichte der besagten Sybille auf sich hat und warum keine die Sybille leiden kann.

Weibliche Prosecconebenhöhle?

Bei den von mir durchgeführten Versuchsreihen konnte ich im Übrigen feststellen, dass Frauen ihre Kommunikation beginnen, ohne vorher Getränke bestellt zu haben. Was man ja quasi schon daran erkennt, dass sie die Unterhaltung starten, noch ehe sie am Tisch angekommen sind. Das ist ein weiterer nicht zu unterschätzender Unterschied gegenüber der männlichen Gesprächseröffnung. Frauen können ohne Getränke, welcher Art auch immer, miteinander kommunizieren. Diese herausragende Fähigkeit verdanken sie einem besonderen physiologischen Unterschied, der sie gegenüber den Männern auszeichnet. Neben den allseits bekannten körperlichen Unterschieden gibt es noch einen weiteren, über den bisher noch nichts bekannt war. Frauen haben nicht die bei Männern entdeckte Biernebenhöhle. Frauen haben auch keine irgendwie andersartig beschaffene Getränkenebenhöhle. Auch wenn einige vielleicht behaupten mögen, dass es manche Frauen mit einer »Weißweinnebenhöhle« gäbe, andere mit einer »Prosecconebenhöhle« oder gar einer »Latte-macchiato-Nebenhöhle«, muss ich dem doch widersprechen. Diese Vermutungen entspringen der Beobachtung, dass einige Frauen große Vorlieben für bestimmte, zum Beispiel die eben erwähnten, Getränke besitzen. Allerdings wird dabei völlig übersehen, dass die Abwesenheit des Lieblingsgetränks eine Frau nicht in ihren kommunikativen Fähigkeiten beeinflusst.

Wir können also konstatieren: Frauen können ohne Getränke miteinander kommunizieren. Das Sprachzentrum im Gehirn von Frauen funktioniert unabhängig. Es ist jederzeit aktivierbar, ob mit oder ohne Flüssigkeitszufuhr. Es ist demnach im geradezu wörtlichsten Sinne des Wortes »autark«, also wirtschaftlich unabhängig.

In diesem Zusammenhang wurden sogar Tierversuche durchgeführt. In den USA (wo sonst?) haben Wissenschaftler das Sprachzentrum im Gehirn weiblicher Labormäuse extrahiert und in einer Petrischale aufbewahrt. Noch drei Tage nach der Entnahme konnte Aktivität im extrahierten Sprachzentrum der Mäuse nachgewiesen werden.[30] Das sei hier aber nur am Rande erwähnt, da die Rückschlüsse auf den weiblichen Menschen meines Wissens nach bisher noch nicht untersucht wurden. Zusammenfassend können wir an dieser Stelle schon ein paar ganz wesentliche Unterschiede weiblicher Gesprächseröffnung festhalten:

1. Frauen zeigen nicht auf, bevor sie ein Gespräch beginnen.
2. Frauen benötigen nicht zwingend Getränke, um sich zu unterhalten.

Irgendwann kommt natürlich auch an diesen Tisch eine Bedienung und möchte eine Bestellung aufnehmen. In diesem Augenblick geschieht etwas fast Magisches, denn die Frauen an diesem Tisch reden einfach weiter, was aber nicht unhöflich ist, da sie gleichzeitig auch ihre Getränke bestellen. Was uns zu der Frage führt, wie sie das bewerkstelligen, da sie ja nun zwei Dinge zur selben Zeit tun. Tatsächlich stellt das für Frauen in aller Regel kein Problem dar, für Männer allerdings schon. Diese Angelegenheit werden wir uns im Kapitel »Frauen können Multitasking – Männer machen Monotasking«, Seite 113 ff., genauer anschauen, doch zuvor wollen wir unser Experiment mit fünf Frauen an einem Tisch in einer öffentlichen Lokalität fortführen.

Wir stellen fest: Diese Frauen können sehr wohl ihre Getränke bestellen, während sie sich zeitgleich weiter der Kommunikation befleißigen. Für Frauen stellt das keine Schwierigkeit dar. Bezüglich der von den Frauen bestellten Getränke allerdings wird es dann doch deutlich komplizierter als bei den Männern.

---

30 Vgl. Dr. Stephen Fraggel: The extraction of the main speakness center of female mouse brain and their behaviourness after extraction. In: The Fauna Scientist 09 (2011). S. 122–132.

Getränke und weibliche Kommunikation

Während Männer gewöhnlich einheitlich Bier für die Biernebenhöhle ordern, kommt so eine geradlinige Bierbestellung in den wenigsten Frauenrunden vor. Wie bereits erläutert, sind Getränke generell keine verbindliche Variable, um innerhalb von Frauengruppierungen zu kommunizieren. Frauen bestellen die Getränke zur Gesprächsrunde mehr aus geselligen und sehr individuellen Beweggründen heraus.

Beginnen wir mit der ersten Frau in der Runde, die möglicherweise ein alkoholfreies Bier gegen ihren Durst bestellt. Dafür muss sie sich weder rechtfertigen noch erklären oder entschuldigen. Sie bestellt dieses alkoholfreie Bier ganz lässig nebenbei.

Die zweite Frau überlegt nur kurz und bestellt einen trockenen Weißwein. Rotwein mag sie eigentlich lieber, aber sie stört der leicht rotbläuliche Belag auf den Zähnen, der sich nach dem Konsum von Rotwein oft nicht vermeiden lässt. Und wenn diese Frau auf eines ganz besonders stolz ist, dann sind es ihre strahlenden, durch jahrzehntelange Pflege und halbjährliches Bleaching aufpolierten Vorderzähne. Eine beeindruckende Parade vorzeigbarer Zahngesundheit, die ihre innere Unzufriedenheit mit ihrem untreuen Ehemann kaschieren soll. Ihre starken Zähne symbolisieren geradezu ihre perfekte Fassade und sollen verhindern, dass ihre wahre Gefühlslage den Weg durch ihr Mundwerk findet.

Die dritte Frau wendet sich zwecks Nachfrage und Beratung direkt an die gastronomische Fachkraft: »Haben Sie auch frisch gepressten Holundersaft aus kontrolliert biologischem Anbau?« Lesen Sie diesen Satz doch bitte gleich noch einmal, und versuchen Sie, dabei nicht an eine Frau Mitte dreißig zu denken, die mit Stolz ihren überlangen Poncho aus peruanischer Alpakawolle trägt, während sie ihrer an Armen, Beinen und sonstigen Stellen wild sprießenden Körperbehaarung revolutionäre Freiheiten gewährt. Was sehen Sie vor Ihrem geistigen, lesenden Auge?

Die vierte Frau studiert stundenlang (ich übertreibe) die Getränkekarte. Diese Frau liest tatsächlich die gesamte Auflistung der angebotenen Erfrischung durch. Das würden Männer nie tun. Aber hier handelt es sich um eine Frau, die alle Optionen systematisch abwägt. Diese Frau will wissen: »Was gibt es denn hier so alles?« Nach mehrmaligem Studium der Karte und innerer Vergleichsanalyse dessen, was ihre Tischgenossinnen bisher bestellt haben, bleibt sie irgendwann an einer Stelle der Karte ganz überrascht hängen und fragt rhetorisch die Bedienung: »Das haben Sie auch?«, um sich dann mit großer Begeisterung an die anderen Frauen zu richten: »Also wisst ihr, da hätte ich auch mal wieder so richtig Lust drauf.« Schlussendlich kommt sie zu der Entscheidung: »Für mich bitte ein Wasser.«

Frauen trinken gerne Wasser
Warum bestellen Frauen Wasser, wenn sie ausgehen? Für viele Männer ist Wasser das Zeug, in welchem Fische ungehemmt kopulieren, ihren Darm entleeren und sogar sterben. Männer trinken Wasser, das ihnen außerhalb ihrer eigenen unmittelbaren Kontrolle serviert wird, eigentlich nur dann, wenn es zuvor mit viel Alkohol desinfiziert wurde, aber dann heißt es Korn. Dann trinkt er auch mal ein Wässerchen. Oder er trinkt Wasser zu Hause, wenn er es zuvor eigenhändig aus dem Wasserhahn extrahiert hat oder wenn er kohlensäurehaltiges Wasser beim Getränkehändler seiner Wahl unter strenger Kontrolle der Hygieneabfüllungsbestimmungen besorgt hat. Außerhalb der eigenen vier Wände sind Männer Wasser gegenüber überaus skeptisch und reagieren nicht nur aus hygienischen Gründen oft ablehnend darauf. Denn Wasser gilt vielen Männern auch als ungesellige Spaßbremse, die beim Ausgehen nichts verloren hat.

Frauen hingegen trinken ganz gerne mal ein Wasser, wobei ich auch da schon merkwürdige Besonderheiten beobachten konnte. Denn so, wie es für Männer sehr unterschiedliche Arten, Sorten und Geschmacksnuancen von Whisky oder

Rotwein gibt, so gibt es Frauen, die meinen, fast ähnliche Unterschiede beim chemischen Element H_2O ausmachen zu können. Dem trägt die Getränkeindustrie Rechnung, indem sie den Frauen nicht nur viele unterschiedliche Marken von Wasser anbietet, sondern auch unterschiedlichste Varianten der Mineralisierung und Sprudeligkeit. Es gibt stille Wasser, gänzlich ohne Kohlensäure, die von vielen Frauen überaus geschätzt werden und die sie sich in Flaschen abgefüllt für teures Geld kaufen. Selbst da legen einige Frauen Wert auf Unterschiede bei Marke und Mineraliengehalt. Für viele Männer ist dies absolut unverständlich und nicht nachvollziehbar, denn genau ein solches Wasser kommt doch für ganz kleines Geld, ja fast gratis aus dem Wasserhahn in der Küche. Wozu also sollte er ein Vielfaches für ein und dasselbe Produkt bezahlen?

Neben diesen stillen Wassern gibt es welche, die ganz leicht mit Kohlensäure[31] versetzt sind, auch diese werden gerne von Frauen getrunken. Je höher allerdings der Anteil der Kohlensäure, je stärker das Wasser blubbert und sprudelt, umso geringer ist der Anteil der Frauen, die ein solches Wasser mit Begeisterung zu sich nehmen.

Für Männer hingegen kann es eine Herausforderung sein, einen Gegner im sportlichen Wettkampf auf ein »Sprudelwasserwettexen« mit den handelsüblichen 0,75-Liter-Flaschen einzuladen. Dabei werden die Mineralwässer mit dem höchstmöglichen Anteil an Kohlensäure bevorzugt. Die grünen Flaschen, die für gewöhnlich einen geringeren Zusatz an Kohlensäure vermuten lassen, sind beim Sprudelwasserwettexen nur etwas für Anfänger und Einsteiger. Ich selbst war in einem solchen Wettkampf vor einigen Jahren nur um wenige Sekunden unterlegen. Der Spaß, den das anschließende, gemeinsame Ausbringen der Kohlensäure durch die oberen Atem-

---

31 Eigentlich heißt das Zeug Kohlenstoffsäure oder Dihydrogencarbonat, chemisch als H_2CO_3 dargestellt, wenn man die Mischung aus Wasser (H_2O) und Kohlendioxid (CO_2) betrachtet. CO_2 ist übrigens das Zeug, was Aquaristen den Fischen ins Wasser geben und was als Treibhausgas Nummer eins im Kyoto-Protokoll eine gewisse Berühmtheit erlangt hat.

wege bringt, ist von grandioser männlicher Kameradschaft geprägt.

Die verschiedenen Wassersorten werden heutzutage sogar in sehr unterschiedlichen Verpackungen angeboten. Für grazile Frauen und junge Mädchen wird Wasser in leicht zu transportierenden PVC-Flaschen und mindergewichtigen Kästen bereitgehalten. Männer mit gesundem Selbstwertgefühl[32] bevorzugen selbstverständlich die alten, dicken Glasflaschen in den Zwölferkisten, von denen sie jeweils zwei in jede Hand nehmen, um dann mit vier solcher Kisten jovial schmunzelnd aus dem Getränkemarkt zu schlendern.

Getränkerechtfertigungen

Die fünfte Frau unserer Studiengruppe blättert unentschlossen mit abwägenden Kopfbewegungen durch die Getränkekarte, dann hält sie inne und fragt die erste Frau: »Was hast du noch mal bestellt?«

»Ich nehme ein alkoholfreies Bier«, erwidert die erste Frau und ist sich der Tatsache wohl kaum bewusst, dass Männer dasselbe Getränk ganz anders bestellen und auf Nachfrage auch anders antworten würden. Die meisten Männer würden sagen: »Ich nehme alkoholfreies Bier, denn ich muss noch fahren.« Der Unterschied besteht einerseits darin, dass der Mann die Anzahl der kommenden alkoholfreien Biere offen lässt, während die Frau in unserem Beispiel sicher nur ein alkoholfreies Bier bestellen wird, andererseits lassen die meisten Männer, wenn sie alkoholfreies Bier ordern, gern eine Erklärung folgen: »Ich muss noch fahren« ist eine inzwischen auch in Männerrunden akzeptierte und legitime Entschuldigung für entalkoholisiertes Bier. Die Biernebenhöhle des Mannes ist nicht zwingend auf den Alkohol im Bier angewiesen, auch

---

32 Die in der klinischen Psychologie eingesetzten »Frankfurter Selbstkonzeptskalen« beschreiben Selbstwertgefühl etwas treffender mit »Selbstwertschätzung«. Mehr über Selbstwertschätzung erfahren Sie in Carsten Höfer: Hochgebirgswandern und Selbstkonzept. Eine experimentelle Studie. Münster: Westfälische Wilhelms-Universität 1996. S. 10 ff. u. Seite 90 ff.

wenn vereinzelte Studien die Vermutung nahelegen, dass der biereigene Alkohol zusätzliche Reize auf das Sprachzentrum des Mannes ausübt.[33] Frauen entschuldigen sich für gewöhnlich nicht für die Wahl ihrer Getränke, sie gehen sehr selbstbewusst mit dieser Sache um.

Wenn gar nichts getrunken wird

Die fünfte Frau überlegt eine Weile, blättert noch einmal in der Getränkekarte, lässt sich die Bestellungen aller am Tisch versammelten noch einmal nennen und schaut dann zu den Nachbartischen herüber, um sich ein Bild von anderen Getränken zu machen, die dort stehen. Diese Frau visualisiert ihre Getränkeoptionen und fragt die Bedienung:»Was hat die Dame dort drüben bestellt? Das sieht interessant aus.«

»Das ist eine Frozen Premium Cranberry Margarita mit gefrorenem Erdbeerpüree, Cranberrysaft und Tequila, schmeckt nicht nur wunderbar erfrischend und anregend, sondern wirkt sogar ganz hervorragend lindernd bei typisch weiblichen Beschwerden, wenn Sie verstehen, was ich meine.« Die unschlüssige Frau überprüft diese Aussage anhand der Cocktailkarte, die sich innerhalb der Getränkekarte befindet. Währenddessen geht das Gespräch der Frauen am Tisch fröhlich weiter, und niemand stört sich daran, dass es ziemlich lange dauert, bis diese fünfte Frau sich zu einer Entscheidung durchgerungen hat.

In reinen Männergruppen würde ein solches Verhalten den ganzen Abend blockieren, da alle anderen nicht weitermachen können, bevor nicht alle bestellt haben. Ohnehin halten Männer nichts von Cranberrysaft, weil sie dabei immer an das Zitat aus dem Film»Departed – Unter Feinden« mit Leonardo DiCaprio denken müssen:»Cranberrysaft!« – »Das Zeug ist

---

33 Vgl. Carsten Höfer: Vertiefende Studien zur Biernebenhöhle des Mannes – ein medizinisches Faktotum mit Folgen. Prag: Nějak to vymyslíme nakladatelství 2011. S. 867 ff.

gut für die Blase. Trinkt meine Freundin, wenn sie ihre Periode hat. Hast du deine Periode?«[34] Männer versuchen, den unschlüssigen Blockierer dann zu einem schnellen Entschluss zu drängen, und sagen oft so etwas wie: »Du, ich habe Weihnachten noch was vor« oder »Bis du mal bestellt hast, sind wir anderen verdurstet!« oder »Morgen kannst du in der Zeitung lesen: Tote durch Bestellungsstau!«

Nach sachgerechter Prüfung aller möglichen Optionen entscheidet sich die fünfte Frau unserer illustren Gesprächsrunde und wendet sich, die Getränkekarte in einer flüssigen Bewegung schließend und der Bedienung zurückgebend, an alle: »Och, für mich gar nichts.«

Das schier Unglaubliche dieser Aussage besteht nicht so sehr darin, dass diese Frau nichts trinkt, viel bedeutender ist die Tatsache, dass diese Frau, obwohl sie kein Getränk bestellt hat, trotzdem weiter mitreden darf und sogar Spaß hat. Ich finde, das ist eine absolut faszinierende soziale Leistung innerhalb dieser Frauengruppe. Denn eines muss deutlich erwähnt werden: In reinen Männergruppen würde ein solches Verhalten die unmittelbare Disqualifikation nach sich ziehen. Stellen Sie sich vor, Sie haben mit fünf anderen Männern abends Ausgang, alle fünf haben schon ein Bier bestellt und blicken nun Sie erwartungsvoll an. Wenn Sie dann immer noch fröhlich in der Getränkekarte blättern, nach Cranberry-Erdbeer-Margarita fragen und dann forsch verlauten lassen, dass Sie NICHTS! bestellen, kann es Ihnen passieren, dass Sie entweder

1. nicht ernst genommen werden und alle über Ihren guten Witz lachen oder
2. Sie sofort die Runde verlassen müssen und für einen zunächst unbestimmten Zeitraum von weiteren gemeinsamen Aktivitäten ausgeschlossen werden.

---

[34] Ein Mann in einer Bar zu Billy Costigan (gespielt von Leonardo DiCaprio), der ihm für diese unpassende Bemerkung ein Glas über den Kopf zieht; aus dem Film »Departed – Unter Feinden« (2006).

Praxistipp für Männer

Hier gebe ich Ihnen drei mögliche und von Männergruppen akzeptierbare Entschuldigungen an die Hand, falls Sie vielleicht aus Versehen nichts bestellt haben oder sogar wirklich mal nichts trinken wollen.

Entschuldigung 1: »Unser Herr Jesus Christus hat mir gestern auf der Autobahn das Leben gerettet, als nachts um drei plötzlich der Brauerei-LKW auf die linke Spur wechselte und mich fast gerammt hätte. Aus Dankbarkeit und Respekt dem Herrn, unserem Gott, gegenüber, dass er meine Frau nicht zur Witwe und meine Kinder nicht zu Waisen gemacht hat, werde ich heute Abend aller Flüssigkeiten entsagen. Gelobt sei Jesus Christus! Nächstes Wochenende feiern wir das dann ganz groß bei mir, und ich tue ordentlich einen aus! Amen.«

Entschuldigung 2: »Mein Arzt sagt, ich sei zu weich geworden, daher darf ich im Moment nur feste Nahrung zu mir nehmen. Keine Getränke mehr, nichts Flüssiges! Da mein Flüssigkeitshaushalt über die in der Nahrung enthaltene Flüssigkeit ausreichend gedeckt wird, bestelle ich mir jetzt ein schönes, großes, blutiges Steak.«

Entschuldigung 3: »Ich hab 'ne Wette am Laufen. Meine Frau wettet, dass ich es nicht schaffe, einen Abend lang absolut gar nichts zu trinken. Wenn ich die Wette gewinne, darf ich mir von ihr wünschen, was immer ich will …« (dabei grinsen Sie anzüglich).

Es kann sein, dass die anderen Männer sofort auf Sicherheitsabstand zu Ihnen gehen, sich leicht angewidert wegdrehen und fragen: »Bist du krank?« Die anderen haben plötzlich Angst vor Ihnen, vielleicht haben Sie ja eine dieser seltenen, exotischen Krankheiten, von denen in den Nachrichten immer wieder mal die Rede ist. »Getränkeebola« oder irgendetwas in der Art. Möglicherweise ist diese fiese Krankheit ansteckend, und die anderen haben plötzlich auch keinen Durst mehr. Somit ist einstimmig beschlossen, dass Sie mit sofortiger Wirkung von Ihren Rechten und Pflichten der geselligen Runde entbunden sind. Sie haben sich schnellstmöglich zu entfernen und dürfen erst nach Klärung der Ursachen einen erneuten Antrag auf Aufnahme in die Gruppe stellen. Wenn Sie dann keine wirklich gute und glaubhafte Begründung bereithalten, kann die Sperrung auch lebenslänglich ausfallen.

Bei Frauen ist es völlig egal, ob oder was auch immer sie bestellen. Das zeigt uns, dass die Art und die Menge der Flüssigkeitszufuhr bei Frauen zunächst überhaupt keinerlei Einfluss auf ihre Fähigkeiten hinsichtlich ihrer Kommunikation hat. Frauen können mit oder ohne Getränke kommunizieren, sie zeigen nicht auf, die Thematik wird nicht deutlich vorangestellt, und es ist auch nicht so, dass immer nur eine erzählt und die anderen stillschweigend zuhören. Das genaue Gegenteil ist der Fall. Jede Frau darf etwas sagen, oft geht es fröhlich locker hin und her, kreuz und quer. Von außen betrachtet, könnte man beinahe den Eindruck gewinnen, es sei ein heilloses Durcheinander, ein Tohuwabohu. Aber das ist es natürlich nicht, denn diese Frauen verstehen sich ja.

Analyse weiblicher Sprachmelodien

Ich habe viele Gespräche unter Frauen beobachtet und mitgehört, als Mann wollte es mir, trotz meiner Kindheitserfahrungen (siehe »Wie ich zum Frauenversteher wurde«, Seite 11 ff.) jedoch lange nicht so recht gelingen, das Kommunikationsverhalten erwachsener Frauen vollständig zu durchschauen. Daher habe ich mir die Mühe gemacht, viele Frauengespräche mit einem Diktiergerät aufzuzeichnen. In der Folge habe ich mir diese Aufzeichnungen immer wieder angehört (was nicht ganz einfach war, darf ich hier zugeben). Ich wollte unbedingt hinter das Geheimnis weiblicher Kommunikation kommen. Irgendwann, beim siebten oder achten Durchhören, fiel mir etwas auf. Ich will versuchen, das nun Folgende möglichst einfach, aber nicht zu trivial darzustellen, damit uns die ganze Pracht rein weiblicher Kommunikation erhalten bleibt. Nennen wir es einen populärkabarettistisch-wissenschaftlichen Ansatz.

Mir fiel auf, dass die meisten Frauen, immer wenn sie etwas sagen, immer wenn sie einen Gesprächsbeitrag leisten oder besser, wenn dieser endet, ziemlich abrupt ihre Stimmlage nach oben hin anheben. Das hört sich vielleicht kompliziert an, ist aber so. Zunächst startet die erste Frau mit einem irgendwie gearteten Satz in normaler Tonlage ohne auffallende Sprachmelodie. Wenn wir jetzt nur auf die Sprachmelodie und die Tonlage achten, die inhaltlichen Aspekte also zunächst völlig außer Acht lassen, dann wird deutlich, dass am Ende ihres Gesprächsbeitrages die Tonlage um mindestens eine halbe Oktave nach oben springt und die Melodie der Sprache kurz darauf ziemlich abrupt zu einem nicht fragenden, aber doch leicht auffordernden Ende kommt. Genau mit diesem oft mit einem inneren »!?« versehenen Satzende ist die subtextgenerierte Aufforderung an die anderen Gesprächsteilnehmer(innen) verbunden, nun bitte auf der Grundlage des bisher Gehörten eine interessierte Nachfrage zu formulieren. Bei den anderen Frauen löst dieses tonmediale Signal eine spracharchaische Reaktion aus, die innerhalb von Millisekunden die gewünschte und erwartete interessierte Nachfrage erfolgen lässt.

Ich muss es an dieser Stelle ganz deutlich betonen: Bei Frauen ist die »interessierte Nachfrage auf der Grundlage des bisher Gehörten« von außerordentlicher Bedeutung, darum drehen sich viele rein weibliche Gespräche, sie ist Zentrum und fast ständig formuliertes Mittel femininer Kommunikationsmuster. Ich möchte das anhand eines Beispielgespräches illustrieren. Eines dieser Gespräche unter Frauen, welches ich aufgezeichnet habe, lief ungefähr in der folgenden Art und Weise ab (ich habe mir von den am Gespräch beteiligten Damen die schriftliche Erlaubnis zur Veröffentlichung geben lassen).

Die erste Frau startet das Gespräch mit einem, wie Sprachwissenschaftler es vielleicht nennen würden, »initiierenden Sprechakt«[35], indem sie sagt: »Also, mir ist da vorhin etwas ganz Verrücktes passiert, hm!?«

Die zweite Frau in der Runde reagiert sofort mit der gewünschten und erwarteten interessierten Nachfrage: »Erzähl, was ist dir denn Verrücktes passiert!?« Auch die interessierte Nachfrage endet mit dem abrupten Anheben der Stimmlage, ein Signal für die erste Frau, dass die interessierte Nachfrage beendet ist.

Die erste Frau denkt: »Toll, da hört mir jemand zu, ist durchaus interessiert, da erzähle ich doch gerne weiter.« Was sie auch tut: »Also wisst ihr, ich war ja vorhin mit Beate auf dem Markt, ne!?«

Da auch diese Aussage mit einem abrupten Stimmlagenanstieg endet, klinkt sich nun die dritte Frau in das Gespräch ein. Denn bei diesem stimmlagenanhebenden Signal darf eigentlich jede Frau in das Gespräch einstimmen, Voraussetzung ist allerdings, dass die Frau schnell genug ist. In unserem Beispiel ist es die dritte Frau, die natürlich auch eine interessierte Nachfrage stellt: »Was, mit Beate warst du auf dem Markt? Etwa vom Sören die Beate!?«

Nun folgt die vierte Frau: »Vom Sören die Beate? Hör mal, Gabi, mit dem Sören warst du doch auch mal drei Monate zusammen, oder!?«

---

35 Vgl. Götz Hindelang: Einführung in die Sprechakttheorie. Sprechakte, Äußerungsformen, Sprechaktsequenzen. Berlin/New York: Verlag Walter de Gruyter 2010 (= Germanistische Arbeitshefte Bd. 27). Weitere interessante initiierende Sprechakte und deren philologische Analyse finden Sie hier: Sylvia Winkler: Sprache und Sexualität im Internet. In: Sprache – Erotik – Sexualität. Hg. v. Rudolf Hoberg. Berlin: Erich Schmidt Verlag 2001 (= Philologische Studien und Quellen, Bd. 166). S. 259–281.

Endlich kommt auch die fünfte Frau zum Zuge: »Was, mit dem warst du zusammen?!«
Worauf sich abermals die dritte Frau zu Wort meldet, denn jede darf sich natürlich auch mehrmals am Gespräch beteiligen: »Hast du damals nicht Pickel von dem gekriegt!?«[36]

Zusammenfassend können wir für typisch weibliche Kommunikation folgende Aspekte ausmachen:

1. Frauen zeigen nicht auf, bevor sie reden.

2. Das Thema des Gespräches wird nicht deutlich vorangestellt, es wird von den jeweils am Gespräch beteiligten Frauen »erfühlt« (ich vermute durch eine bisher nicht exakt nachweisbare Pheromonausschüttung).

3. Nahezu alle anwesenden Frauen beteiligen sich nach folgenden bestimmten Gesetzmäßigkeiten immer wieder neu am Gespräch:

– Beenden des Gesprächsbeitrages durch zügiges Anheben der eigenen Stimmlage in Erwartung einer interessierten Nachfrage.
– Aktives Zuhören durch interessierte Nachfragen, die ebenfalls mit dem Anheben der Stimmlage enden.

4. Themenwechsel sind jederzeit, ohne vorherige Ankündigung und gleitend erlaubt, da innerhalb von Frauengruppierungen alle mit den typisch femininen, intrinsischen »Themensensoren« ausgestattet sind, die ihnen das Folgen »vom Hundertsten ins Tausendste« oder »von Hölzchen auf Stöckchen« problemlos ermöglicht.

---

36 Mitschnitt eines Gesprächs von Claudia, Charlotte, Gabi, Dorothea und Patrizia. Bochum, den 29. Februar 2011. Abdruckgenehmigung liegt vor.

5. Geredet wird gerne über nicht anwesende Personen. Wenn die anwesenden Frauen über sich selbst reden, dann tun sie dies in erster Linie, um sich über Emotionalitäten auszutauschen und mehrseitiges Verständnis zu signalisieren. (Wenn Männer in Männergruppen über sich selbst reden, tun sie dies eher, um ihre eigenen Erfolge zu preisen; Prahlereien und launige Statuskämpfchen sind allseits beliebt. Bei Frauen wird ein solches Verhalten überwiegend abmahnend behandelt.)

Frauen können Multitasking – Männer machen Monotasking

Claudia ist wegen des peinlichen Abendessens mit Sybille und Andreas wütend auf Peter. Beide räumen zunächst still die Küche auf. Während Claudia Spülwasser einlaufen lässt, sich die Haare hochbindet, demonstrativ laut Radio hört und dabei den Tisch abräumt, konzentriert sich Peter voll und ganz darauf, den Müll zu sortieren. Aus Peters Sicht ist dies sein Zeichen der Demut. Mit übergroßer Sorgfalt befördert er zunächst die Essensreste in den Biomüll, legt danach die benutzten Verpackungen für den Gelben Sack zurecht, um den Restmüll will er sich im Anschluss kümmern. Claudia, die in der Zwischenzeit den Tisch komplett allein abgeräumt und Töpfe, Teller, Tassen gespült hat, wittert allerdings Sabotage durch Verlangsamung. Noch während sie abtrocknet, platzt es schließlich aus ihr heraus: »Verdammt noch mal, ich räume hier alles alleine auf, während sich der Herr dem Müllstudium hingibt, was soll das, hm!?« (Am Ende dieses Satzes zieht sie deutlich hörbar die Stimmlage an.)

Peter wird jäh aus seiner Arbeit gerissen. Er hält inne, sortiert sich erst mal selbst, starrt Claudia eingeschüchtert an und sagt dann kleinlaut: »Ich wollte das hier erst in Ruhe fertig machen, bevor ich die anderen Sachen angehe. Ich kann ja nicht ahnen, dass du das alles gleichzeitig machst und schon fertig bist.«

Bei dem, was Claudia und Peter uns hier demonstriert haben, handelt es sich um einen weiteren ziemlich generellen Unterschied zwischen Mann und Frau. Frauen sind in der Lage, viele Dinge gleichzeitig zu tun, wohingegen Männern diese Fähigkeit eher weniger gegeben ist. Frauen können diesbezüglich wirklich eine große Meisterschaft erlangen, sie können viele Dinge simultan tun, der Fachbegriff dafür lautet »Multitasking«. Computer werden oft mit dieser Fähigkeit beworben, in diesem Bereich zeigen die Rechenmaschinen also eher weibliche Fähigkeiten. Männer hingegen sind da wirklich anders, die meisten konzentrieren ihre geistigen und körperlichen Energien sehr zielgerichtet auf nur eine einzige Aufgabe, das nennen wir dann »Monotasking«.

Häufig entstehen Probleme zwischen Mann und Frau, weil die Frau eigentlich immer auf Multitasking geschaltet ist und oft mehrere Arbeitsanweisungen zeitgleich an ihn richtet. Es kommt dann vor, dass sie so etwas sagt wie:»Schatz, können wir nicht mal eben schnell die Küche aufräumen, den Boden wischen, das Bild aufhängen und die Müllers anrufen?« Wie reagiert der Mann in dieser Situation? Er wehrt mit ausgestreckter Hand die Fülle an Aufgaben ab und antwortet einschränkend:»Meine Liebe, wir machen alles schön der Reihe nach!«

Dinge »der Reihe nach« zu erledigen, beschreibt genau den Umstand, dass der Mann außerstande ist, die geforderten Aufgaben gleichzeitig zu erfüllen. Männer sortieren ihre Arbeitsaufträge systematisch nach Dringlichkeit, Ressourcenanforderungen und eigener Lust und Laune, das Abarbeiten ihrer Agenda starten sie grundsätzlich mit Punkt eins auf der Liste. Der Mann wird sich dann wirklich nur auf diesen ersten Punkt konzentrieren, er wird nichts anderes zulassen, er wird keinerlei Ablenkungen dulden.

Ich selbst bin in dieser Hinsicht übrigens auch ganz Mann. Während ich diese Zeilen schreibe, haben Frau, Kinder und Hund das Haus verlassen, und nur so kann ich gänzlich ungestört an diesem Buch arbeiten. Sobald ein Anruf, die Haus-

klingel oder Ähnliches meine Kontemplation unterbricht, ist es vorbei mit der flüssigen Schreibe und ich brauche mehr als eine halbe Stunde absolute Ruhe, um wieder in die Arbeit hineinzufinden. Moment, das Telefon klingelt ...
(Fünfundvierzig Minuten später.)
Ich werde mir in Zukunft einen reizarmen Arbeitsraum in der Nähe unseres Dorffriedhofes suchen müssen, um absolut ungestört und frei von Ablenkungen arbeiten zu können.[37] Sie sehen also, ich nehme mich da nicht aus. Obwohl von Berufs wegen Frauenversteher, bin ich doch in erster Linie ein Mann und so auch mit den meisten artspezifischen Eigenschaften und Unzulänglichkeiten meiner Artgenossen versehen.

Wenn der Mann Punkt eins auf der Agenda abgearbeitet hat, kommt Punkt zwei an die Reihe, bis auch dieser Punkt erledigt ist. Das genau bedeutet »der Reihe nach«, also im Monotasking, zu arbeiten. Man könnte auch sagen, dass Männer all ihre Tätigkeiten »professionalisieren«, das heißt, wenn er sich einer Sache annimmt, dann macht er das hundertprozentig und »vernünftig«. Männer sagen oft: »Wenn wir das machen, dann machen wir es **richtig**.«

Bei meinen Liveauftritten kann ich bei diesem Thema immer spannende Reaktionen im Publikum beobachten. Wenn ich damit beginne, dass Frauen in der Lage sind, viele Dinge gleichzeitig zu tun, und Männer eher nicht, reagieren die meisten Frauen zustimmend schmunzelnd, sie fühlen sich in dieser Sache lobend bestärkt. Wenn ich dann dazu komme, dass die Männer immer nur eine Sache machen, die aber dann »vernünftig«, relativieren sich die Reaktionen der Frauen deutlich. Einige winken ab und sind plötzlich nicht mehr mit mir einer Meinung. Woher kommt dieser Stimmungsumschwung?

---

37 Weitere Hinweise und Tipps zum Thema »Ablenkungen vermeiden« finden Sie in Alex S. Rusch: Wie Sie in den nächsten 18 Monaten mehr erreichen als in den vergangenen 10 Jahren (Hörbuchskript). Lenzburg/Schweiz: Rusch Verlag 2010. S. 28 ff.

Natürlich hat es damit zu tun, dass ich sage, die Männer würden ihre Tätigkeiten »vernünftig« (im Sinne von richtig, korrekt, gewissenhaft und ordentlich) ausführen. Dadurch wird scheinbar impliziert, dass die Frauen dies bei ihren durch Multitasking geprägten Tätigkeiten nicht tun. Die Frauen vermuten, dass ich ihnen Fahrlässigkeit, Schludrigkeit und oberflächliche Erledigung unterstellen würde. Die Männer im Publikum hingegen genießen diesen Augenblick für gewöhnlich mit zustimmendem Gelächter und einigen kräftigen »Jou!« und »Jawoll!«. Mir liegt allerdings gar nicht daran, den Frauen zu unterstellen, dass sie bei der gleichzeitigen Erledigung mehrerer Dinge nicht ordentlich arbeiten würden, und nach den Auftritten habe ich oft über diese Sache nachgedacht. Dabei ist mir aufgefallen, dass sich dieser generelle Unterschied in den Arbeitsweisen von Mann und Frau geradezu lehrbuchhaft bei der alltäglichen Hausarbeit beobachten lässt.

Wenn's mal wieder länger dauert – der Ofenreiniger

Nehmen wir als Beispiel eine durchschnittliche, nicht ganz einfache, aber auch nicht zu komplexe Aufgabe in der Küche: den Herd inklusive Backofen säubern. Lassen Sie diese »Hausaufgabe« einmal von einer Frau und im baugleichen Reihenhaus nebenan von einem Mann zeitgleich ausführen. Achten Sie dabei auf den gleichen Verschmutzungsgrad mittlerer Stärke. Das Ceranfeld ist an einigen Stellen mit festgebackenen Essensresten und zur Hälfte mit Fettspritzern verschmutzt. Der Ofen hat die häufigen Sitzungen zur Herstellung von Fertigpizza aus der Tiefkühltruhe auch nicht ganz fett- und fleckenfrei überstanden.

Was glauben Sie, wer ist eher mit der Arbeit fertig? Villarriba oder Villabajo? Mann oder Frau? Ich vermute, die Frau. Und warum? Einerseits haben viele Frauen auch heutzutage immer noch eine größere Erfahrung und mehr Übung in solchen Dingen (Sie erinnern sich an Peters kleine humoristische

Spitze gegenüber Sybille?), das allerdings macht noch lange nicht den eigentlichen Zeitvorsprung aus. Denn andererseits scheint es so zu sein, dass die Frau auch hier mehrere Dinge zeitgleich angeht. Noch während der Ofenreiniger im Ofen einwirkt, bearbeitet sie das Ceranfeld beidhändig mit Ceranfeldreiniger und Ceranfeldklingen. Herd und Ofen sind innerhalb einer übersehbaren Zeitspanne wieder ansehnlich und voll einsatzfähig. Die Frau reinigt mit der Zielvorgabe, möglichst schnell die Sauerei zu beseitigen und die Küche wieder startklar zu haben.

Der Mann im baugleichen Haus nebenan geht die Sache völlig anders an. Er sichtet zunächst den »Schaden« in systematischer Reihenfolge. Er beginnt beim Herd, schaut sich die Flecken an, analysiert die Art, Konsistenz und Stärke der Verschmutzung, bevor er überlegt, welche speziellen Reinigungsmittel hier vonnöten sind. Er hat spezielle Fettlöser für die Fettspritzer parat. Dann legt er sich diese Dinge erst mal ordentlich neben dem Herd zurecht. Er beginnt mit Einweghygienetüchern (feucht mit Zitrusduft) für das Abwischen der ersten und gröbsten Verschmutzungen. Danach wird er den Ceranfeldreiniger einwirken lassen, und das Kochfeld erst nach ordnungsgemäßer Einwirkzeit überaus gewissenhaft und von Grund auf reinigen. Mehrmals wird er Ceranfeldreiniger nachgeben und die Ceranfeldreinigungsklinge in systematischen Bahnen über das Glas schieben, so als würde er den Rasen mähen oder in der Eishalle die Bahn neu eisen. Die ganze Prozedur kann mehrmals wiederholt werden, bevor er mit dem Reinigungsergebnis zufrieden ist. Was dann kommt, nenne ich »Ergebnissichtung und Endkontrolle der Phase 01 (Ceranfeldreinigung)«. In dieser Pause beschaut sich der Mann mehrmals und mit steigender Begeisterung das Ergebnis seiner Arbeit und wird hier und da noch winzige Nachbesserungen vornehmen. Sein Ziel ist: das bestmögliche Reinigungsergebnis im Hinblick auf den ehemaligen, fabrikneuen Auslieferungszustand des Haushaltsgerätes zu erreichen. Bevor der Ofen eine ebenso gründliche Bearbeitung, ja

Restaurierung erfährt, benötigt der Mann allerdings erst mal eine Pause, in welcher er Zerstreuung bei einer gänzlich anderen Tätigkeit sucht. Meist vergisst er darüber dann, dass der Ofen noch schmutzig ist. Auf jeden Fall wird der Mann lobende Bestätigung bei anderen suchen, indem er ihnen seine Arbeit zeigt und auf die Schwierigkeiten bei der Reinigungsprozedur hinweist. Einige Männer sind in der Lage, den gesamten Vorgang wie das Making-of eines Films darzustellen.

Die unterschiedliche Zielsetzung und die andere Art der Lösungs(mittel)ansätze sind dafür verantwortlich, dass der Mann länger braucht. Vielleicht hat der Mann das Ceranfeld am Ende tatsächlich etwas gründlicher gereinigt, allerdings musste dafür auch die Küche einen ganzen Tag lang von der ihr ureigenen Bestimmung freigestellt werden, wegen Reinigungsarbeiten vorübergehend geschlossen. Das meinen einige Männer, wenn sie sagen, dass sie »vernünftig« und »richtig« arbeiten, damit ist nicht immer »sinnvoll« oder »zeitsparend« gemeint.

Problem: gemeinsames Fernsehgucken

Wenn Sie nun die Tatsache beherzigen, dass Frauen multitaskingfähig und Männer überwiegend im Monotasking unterwegs sind, dann wird Ihnen auch klar werden, warum viele ganz alltägliche, geradezu banale gemeinschaftliche Aktivitäten bei einigen Paaren nicht optimal funktionieren. Ich will Ihnen das anhand der wohl banalsten Tätigkeit der heutigen Zeit erläutern.

Nehmen wir einmal an, Sie und Ihr Partner (oder Ihre Partnerin) hatten beide einen anstrengenden Tag. Sie kommen abends nach Hause und es entspinnt sich folgender Dialog:

Sie: »Was machen wir heute Abend? Gehen wir noch aus oder so?«

Er: »Ach, ich weiß nicht, es war so ein anstrengender Tag heute, und morgen müssen wir beide wieder so früh aufste-

hen. Ne, fürs Ausgehen hab ich heute keine Energie mehr. Lass uns doch einfach ein bisschen fernsehgucken.«
Sie: »Ja, gut, mach an. Mal sehen, was so läuft.«

Fernsehgucken ist heutzutage mit Sicherheit eine der anspruchslosesten und zugleich gehirnressourcensparendsten Tätigkeiten überhaupt. Daher eignet es sich auch so gut, um hier als Beispiel zu dienen. Sie sitzen also beide zu Hause im Wohnzimmer auf dem Sofa und die Glotze ist an. Auf der einen Seite sitzt der Mann. Tief versunken in einer Art meditativen Kontemplation verfolgt er die mehr oder minder interessanten Bild-Ton-Kombinationen, die zwei seiner Sinnesorgane bearbeiten. Sein Körper ist beinahe regungslos, seine inneren Gefühlsregungen spiegeln sich lediglich in seinem Gesicht wider. Erstaunen, Fassungslosigkeit, latente Amüsiertheit und tief empfundene Teilnahmslosigkeit zeichnen ein gemächliches Mienenspiel auf dem ansonsten geradezu grotesk entspannten Gesichtsfeld des Mannes. Was genau macht der Mann? Der Mann macht exakt eine einzige Sache (Monotasking). Er verfolgt die audiovisuelle Darbietung des Gerätes und macht dabei nichts anderes. Einige Männer »versinken« geradezu im Fernseher, wirken fast mystisch entrückt und der Welt entschwunden.

Auf der anderen Seite des Sofas sitzt die Frau. Sie schaut auch Fernsehen, wird mit absoluter Sicherheit aber noch einige Dinge zusätzlich tun. Viele Frauen blättern zeitgleich in einer Illustrierten oder lesen ein Buch (in diesem Augenblick vielleicht sogar dieses Buch). Das wären dann schon mal zwei Dinge gleichzeitig (Multitasking). Damit aber nicht genug, viele Frauen können auch noch zeitgleich mit ihrer besten Freundin telefonieren. Augen und Ohren sind dann bereits mit zwei, mitunter drei Informationseingangs- und Sendesignalen gleichzeitig beschäftigt. Für Frauen ist das überhaupt kein Problem, im Gegenteil streben sie geradezu danach, beim Fernsehgucken zugleich viele weitere Dinge zu erledigen. Das wäre bis zu diesem Punkt »paartechnisch« gesehen noch kein Problem, wenn die Frau nicht zusätzlich die Lust verspüren würde, jetzt auch noch eine Unterhaltung mit dem neben ihr sitzenden Mann zu starten.

An dieser Stelle kollidieren die bisher nebeneinander laufenden Aktivitäten auf fatale Weise. Die Frau eröffnet mit einer interessierten Frage: »Erzähl doch mal, wie war es denn heute bei dir?« Haben Sie, meine Damen, diese Frage auch schon einmal an ihn gestellt, während er vor dem Fernseher saß? Ist Ihnen da nicht aufgefallen, dass oft erst einmal gar keine Antwort kommt? Diese Eröffnungsfrage zeigt, nebenbei bemerkt, dass die Frau bereits verstanden hat, dass dem Mann eher an monologisierendem Erzählen gelegen ist denn an einem vergnüglichen Hin und Her von interessierten Fragen. Was die Frau allerdings nicht bedacht hat, ist das Fehlen männlicher Multitaskingfähigkeiten. Der Mann hört ihre Frage wahrscheinlich zunächst nicht einmal, er ist komplett von der Außenwelt abgeschirmt, er macht nicht mehr, aber auch nicht weniger als Fernsehen, so wie es eigentlich zwischen den beiden vereinbart war (siehe Seite 118/119). Abgemacht war durch gegenseitiges Einvernehmen lediglich das Fernsehen. Es wurde nicht abgemacht, dabei zusätzlich zu reden oder noch andere Dinge zu tun. Männer legen auf so geartete Vereinbarungen großen Wert. Ganz anders würde die Sache aussehen, wenn der Dialog folgendermaßen abgelaufen wäre:

Er: »Lass uns doch einfach ein bisschen fernsehgucken.«

Sie: »Ja, gut, mach an, mal sehen, was so läuft. Dabei können wir uns nebenher darüber unterhalten, was wir heute tagsüber erlebt haben, was wir dabei gefühlt haben und was uns sonst noch wichtig ist.«

Für gewöhnlich wird diese Art der Vereinbarung aber nicht getroffen, und der Mann erwidert zunächst nichts auf die Aufforderung, er möge erzählen, was ihm den Tag über so alles widerfahren ist. Aber die meisten Frauen geben so schnell nicht auf, sie insistieren gerne und wiederholen ihre Frage ein weiteres Mal laut und deutlich: »Scha-hatz! Hallo! Ich bin auch noch da! Jetzt erzähl doch endlich mal, wie war es denn heute?«

An dieser Stelle bemerkt der Mann dann wahrscheinlich ein weiteres akustisches Signal, welches aber irgendwie nicht zu den Bildern im Fernsehgerät passt. Irgendetwas verwirrt seine Sinne, die Zuordnung der auf ihn eindrängenden Signale ist gestört. Einige Männer starren weiterhin auf das Fernsehgerät und fragen ihre Partnerin: »Sag mal, hörst du das auch? Ist da jetzt noch ein Störsender drüber oder so?«
Bis er die für ihn neue Situation richtig analysiert hat, können ein paar Sekunden vergehen. Dann wird er das Fernsehgucken unterbrechen, sich der Frau zuwenden und ohne Ironie fragen: »Ach so, äh, Schatz, was wollen wir machen, fernsehgucken oder uns unterhalten?« Bei seinem hier geäußerten »oder« handelt es sich um ein, wie die Sprachlogiker[38] sagen, »ausschließendes Oder«, es ist ein »Entweder-oder« gemeint, nicht etwa ein »Und-oder«. Der Mann kann also nicht fernsehgucken und dabei reden, er kann entweder fernsehgucken oder reden.

Der männliche Sitzenbleiber

Anhand zahlreicher weiterer Beispiele lässt sich zeigen, dass Männer mitunter ganz versessen auf Monotasking sind.

Es gibt Männer, die sind so auf ihr Monotasking fixiert, dass sie sogar das Sitzen als solches zu einer ganz besonderen Tätigkeit erheben. Diese Männer kommen von der Arbeit nach Hause, schnaufen im Wohnungsflur einmal vernehmlich und kündigen dann sehr deutlich (quasi fett gedruckt und in Großbuchstaben) an: »So, jetzt muss ich mich aber erst mal SETZEN!« Dann setzt sich dieser Mann hin, und fortan geht bei ihm nichts anderes mehr. Er sitzt.

Ich weiß, Frauen sehen die Welt anders. Die Frau sieht den

---

38 Vgl. Sulai T'Plyn from Vulcan: The exolinguistical analysis of logic in different languages around alpha quadrant. Auf: Holotafel Nr. 455 ff. Vulcan: 2366 (Sternzeit 43672.700).

Mann im Wohnzimmer sitzen und denkt bei sich: »Ach guck, jetzt sitzt er da mal wieder so faul in der Ecke, dann kann er doch eigentlich noch die vier bis fünf Dinge erledigen, auf die ich ohnehin schon seit Wochen warte.«

Natürlich kann er das nicht tun, meine Damen, schon gar nicht zeitgleich. Das muss Ihnen doch auch schon einmal aufgefallen sein, in dieser Situation springt der Mann doch nicht auf und wirbelt im Hause umher, macht und tut und arbeitet, nein, er bleibt sitzen. Maximal kommt von ihm nach einer Arbeitsaufforderung Ihrerseits ein Satz wie: »Ach Schatz, ich sitz doch grad so schön.« Wie soll er da noch etwas anderes machen?

> **Praxistipp für Frauen**
>
> Sollten Sie, meine Damen, sich in einer Situation wiederfinden, in der Ihr Partner im Wohnzimmer »so schön sitzt«, dann rate ich Ihnen: Atmen Sie einmal gut durch, und schauen Sie sich etwas genauer an, wie er da so sitzt. Versuchen Sie dabei, das Sitzen als Einzeltätigkeit herauszusehen. Dann nämlich werden Sie ihm zugestehen müssen: Jawohl, das kann er. Im Sitzen machen Sie einem Mann nichts vor, das beherrschen wir.

Kommunikation zwischen Mann und Frau – warum sie so schwierig ist

Claudia ist froh, endlich mal wieder in aller Ruhe mit ihrer Freundin Beate reden zu können. Sie treffen sich auf dem Wochenmarkt und gehen anschließend in ihr Lieblingscafé, bestellen sich während der Unterhaltung ganz verschiedene Getränke, wechseln die Themen, wie es der Gesprächsfluss ergibt, und verstehen sich prächtig. Mittendrin und ohne Vorankündigung lässt Beate die Bombe platzen, die Überraschung, auf deren Enthüllung sie sich schon den ganzen Tag gefreut hat:»Wusstest du, dass Sybille schwanger ist!?« (Initiierender Sprechakt mit anziehender Stimmlage am Ende des als Frage formulierten Gesprächsbeitrages; siehe »Analyse weiblicher Sprachmelodien«, Seite 108 ff.)

Nach kurzer Analyse der kausalen Zusammenhänge erwidert Claudia:»Aber Sybille nimmt doch die Pille, oder!?« (Interessierte Nachfrage; siehe Seite 109.)

»Ja, schon, keine Ahnung, es wird wohl ein TroPiKi (Trotz-Pille-Kind). Ist das nicht wunderbar!?«

Claudia bemerkt bei aller ehrlichen Freude, die sie für die glückliche Sybille empfindet (wobei sie sich auch ein bisschen darüber ärgert, dass sie diese Neuigkeit nicht vor Beate und direkt von Sybille erfahren hat – denn eigentlich ist sie doch Sybilles beste Freundin, oder?), noch etwas anderes. Sie stellt sich erneut und nicht zum ersten Mal in ihrem Leben die Frage, ob der Wunsch nach einem Kind auch von ihr neu durchdacht werden sollte. Sie beschließt, mit Peter darüber zu reden, schließlich ist er ihr Partner und wird sicher verstehen, welche Empfindungen und Fragen ihr jetzt auf einmal wieder durch den Kopf gehen, oder?

Liebe Leserin, lieber Leser, ich freue mich, dass wir nun an einem Punkt angekommen sind, bei dem es »ums Eingemachte« (nicht falsch verstehen, ich meine nicht das Kind im Schoße der Mutter) geht: Kommunikation zwischen Mann und Frau bei heiklen und emotionsbeladenen Fragen die mögliche Familienplanung und den Fortbestand der Beziehung betreffend. Meistens wird es nämlich problematisch, wenn Mann und Frau versuchen, miteinander über diese Dinge zu sprechen, und nach dem bisher Erfahrenen über die unterschiedlichen geschlechtsspezifischen Gesprächsgewohnheiten wird zumindest schon einmal klar, warum das so ist.

Beide sind zunächst noch gänzlich in ihren Kommunikationsmustern verfangen. Die Frau kommt von einem Treffen mit einer Freundin nach Hause, wo sich der Mann bereits aufhält. Noch während sie die Wohnung betritt, macht die Frau viele Dinge gleichzeitig (Multitasking):

1. Sie durchquert den Flur in Richtung Wohnzimmer,

2. dabei hängt sie ihre Garderobe sachgerecht und ordentlich an den entsprechenden Haken,

3. währenddessen sieht sie bereits den Adressaten ihres gewünschten Gespräches hinten im Wohnzimmer auf der mokkabraunen Couch hocken,

4. und sogleich beginnt sie das Gespräch mit ihm, noch während sie sich im Flur befindet.

Für die Frau ist das überhaupt kein Problem, wie wir im vorherigen Kapitel über das bei Frauen übliche Multitasking erfahren haben. Sie tut all diese Dinge zeitgleich und eröffnet das Gespräch, indem sie ohne aufzuzeigen sagt:»Du wirst nicht glauben, was ich gerade Verrücktes erfahren habe, etwas ganz Wunderbares ist Sybille passiert, wobei eigentlich niemand damit rechnen konnte!«

Was nun folgt, ist ein kurzer Augenblick der Ruhe, in dem sich rein äußerlich nicht viel zu tun scheint. In den beiden an dieser Szene beteiligten Personen aber spielt sich sehr wohl eine ganze Menge ab. Die Frau auf der einen Seite erwartet nun die bei Frauen übliche, interessierte Nachfrage, die aber zunächst ausbleibt. Der erste Redeschwung ist bereits jetzt durch eine abrupte Vollbremsung aufgehalten worden. Der Mann fragt nicht nach, was denn Verrücktes passiert oder was so wunderbar ist.

Sie, meine sehr verehrten Damen und Herren, ahnen als aufmerksame Leserinnen und Leser wahrscheinlich schon, woran das liegt. Die Frau hat das Gespräch nicht offiziell und formal korrekt angemeldet. Sie hat das Gespräch auf typisch weibliche Weise eröffnet, während der Mann noch gänzlich in einer durch Monotasking geprägten Tätigkeit gefangen war. Aber was auch immer der Mann gerade gemacht hat, so hat er doch eines deutlich bemerkt:»Hm? Ach so, die Frau quatscht mich gerade locker von der Seite an, aber wo ist überhaupt mein Bier?«

Wir sehen hier die Auswirkungen eines physiologischen Mangelzustandes in der Biernebenhöhle des Mannes. Aus rein körperlichen Gesichtspunkten heraus kann der Mann gar keine interessierte Nachfrage stellen, selbst wenn er es wollte. Die Biernebenhöhle ist trockengelegt, infolgedessen ist sein Sprachzentrum deaktiviert. Daraus resultiert eine akute Sprachblockade.

Der Mann denkt übrigens nicht nur an das fehlende Bier, er analysiert sogar ziemlich flott, was Sache ist, und denkt bei sich:»Ach Mist, das passt mir jetzt eigentlich gar nicht, aber egal, ich höre mal, was sie zu erzählen hat.« Der Mann hört schon zu. Das Blöde ist nur: Männer hören immer stillschweigend zu. Die Frau könnte jetzt ungestört die ganze Geschichte von der schwangeren Freundin erzählen, die sie soeben erfahren hat. Der Mann hört zu. Aber Frauen wollen an dieser Stelle etwas anderes. »Zuhören« heißt bei Frauen: Er soll »interessierte Nachfragen« (siehe »Analyse weiblicher Sprachmelodien«, Seite 108 ff.) stellen, er soll sein Zuhören öffentlich bekunden, er soll aktiv zuhören. Aber das tut er nicht, der Mann hört passiv zu, indem er schweigend zuhört. Er ist sogar fest davon überzeugt, gerade mit seiner schweigenden Art des Zuhörens ein wirklich guter Zuhörer zu sein, weil er seinem Gegenüber nicht immer »so blöd in die Geschichte reinlabert«.

Wir haben hier gleich zu Anfang eine plötzliche Gesprächspause, in welcher die Frau auf die interessierte Nachfrage wartet und der Mann darauf, dass die Geschichte endlich losgeht. Es ist die Frau, die in dieser Situation als Erste wieder das Wort ergreift und nun schon leicht verärgert fragt: »Sag mal, interessiert es dich denn gar nicht, was mir Verrücktes passiert ist?«

Der Mann bemerkt, sensibel, wie er ist, an dieser Stelle: »Hä? Ist hier auf einmal Stress am Start?« Aber er hat keine Ahnung warum, denn er hört doch zu. Er bemerkt durchaus, dass er nun gefordert ist, nun soll er, nun muss er etwas sagen. Also kratzt er die letzten Reserven in seiner Biernebenhöhle zusammen und sagt leicht eingeschüchtert: »Nun, also, doch, sicher, klar will ich wissen, was Verrücktes passiert ist. Erzähl, ich höre zu.« Immerhin hat der Mann damit endlich sein Interesse vernehmlich geäußert und seinen audiovisuellen Fokus auf das weibliche Gegenüber noch einmal verstärkt. Das ging gerade eben noch einmal gut.

Die Frau probiert es frisch motiviert noch einmal, indem sie erneut ansetzt mit dem nächsten Satz, dem eine interessierte Nachfrage seinerseits folgen soll: »Na gut, ich war ja vorhin mit Beate auf dem Markt, hm!?« Kurze Pause, dann mit Nachdruck: »Mit der Beate!« Jetzt müsste er eigentlich direkt nachfragen, mit welcher Beate sie auf dem Markt war, vielleicht die von Sören, denn sie kennt ja mehrere Beaten (wie lautet eigentlich der Plural von Beate? Beaten? Beates?).

Der Mann fragt aber nicht nach, er hört stillschweigend zu, während sie immer wieder neu versucht, ihn in eine wechselseitige Kommunikation einzubinden, was nicht recht gelingen will. Immer wieder lässt sie ihm nach erfolgter Stimmlagenanhebung einen Moment Zeit, um in das Gespräch einzusteigen, und jedes Mal lässt er die Situation ungenutzt verstreichen. Diese überaus schleppende Gangart der Kommunikation ist für beide Seiten extrem anstrengend und enervierend. Die Frau denkt natürlich nach einigen gescheiterten Versuchen: »Meine Güte, interessiert es ihn denn gar nicht, was ich zu erzählen habe? Ich lass ihm doch schon immer extra eine kurze Pause, in der er auch mal was sagen oder nachfragen könnte.« Auf der anderen, der männlichen Seite (die muss man auch verstehen) denkt der Mann: »Mein Gott, sie stottert sich da einen zurecht! Das arme Ding! Immer sagt sie was und macht dann eine sinnlose Pause. Kann sie die Geschichte denn nicht flüssig und strukturiert in einem glatten Rutsch locker durcherzählen, schön mit Pointe am Schluss?«

Es ist also für beide mehr als unbefriedigend, und weil der Mann wirklich gar nichts sagt, weil er zwar aufmerksam, aber beinahe stumm vor ihr sitzt, denkt die Frau nach einer Weile: »Rede ich gegen eine Wand?« Aus lauter Verzweiflung übernimmt sie dann irgendwann selbst all die Rollen im Gespräch, die sonst ihre Freundinnen übernehmen. Sie muss jetzt das gesamte Gespräch, quasi mit verteilten Rollen, ganz allein führen, was sie nicht wirklich gern tut, aber sonst geht es ja gar nicht voran! Auf einmal also sprudelt es mit vielen Zungen aus ihr heraus:

»Oh Mann! Mit Beate war ich auf dem Markt, von Sören die Beate, Gabi war doch auch mal drei Monate mit dem zusammen, die hat doch damals Pickel von dem gekriegt, erinnerst du dich? Jedenfalls hat Beate mir gesagt, dass Sybille schwanger ist. Schwanger! Trotz Pille! Sie kann sich gar nicht erklären, wie das passiert sein soll, aber so was kommt ja ab und zu durchaus vor, nicht wahr? So was kann passieren. Jedenfalls sei das überhaupt nicht schlimm, sagt Sybille, im Gegenteil, weil es wohl ein Zeichen sei, sie hätte sich heimlich schon lange ein Baby gewünscht, und nun sei es trotz Pille einfach so passiert. Außerdem sei sie ja schon über dreißig, genau wie ich (!), und da würde es ja dann auch langsam Zeit, wenn man heimlich einen Kinderwunsch hat, oder? Andreas weiß es natürlich noch nicht, es soll heute Abend eine Überraschung für ihn werden. Ist das nicht wunderbar?«

Ganz im Sinne einer weiblichen Gesprächseröffnung ist die Frau hier sofort mitten im Thema, ohne es allerdings zuvor explizit, quasi mit Überschrift, deutlich erkennbar formuliert zu haben.

An die Adresse der männlichen Leser: Können Sie an dieser Stelle sagen, um welches Thema es der Frau geht? Falls ja, dann sind Sie schon ein gutes Stück vorangekommen auf dem Weg zum Frauenversteher. Falls Sie keinen blassen Schimmer haben, machen Sie sich nichts daraus, das geht den meisten Männern so. Hier die Übersetzung für Sie: Die Frau hätte natürlich auch gern ein Baby und denkt, dass die unverhoffte Schwangerschaft ihrer besten Freundin eine gute Gelegenheit sei, um mit ihrem Partner darüber zu sprechen. Außerdem wäre es doch toll, wenn die beiden besten Freundinnen zur gleichen Zeit Babys hätten, dann könnten sich alle so schön zum Babytreff verabreden, man könnte sich gegenseitig Tipps geben, Erfahrungen austauschen und gemeinsam viele tolle Sachen erleben.

Aber wie ergeht es dem Mann in unserem Beispiel? Er hört die ganz Zeit hochkonzentriert und absolut aufmerksam zu. Seine Stirn liegt in runzeligen Falten, und sein Mund steht leicht offen. An dieser Stelle des Gespräches hat er inzwischen drei Probleme gleichzeitig, was ihn komplett überfordert. Er würde das nie laut sagen, Männer sind höflich (die meisten), aber während er nun diese schier unglaubliche Flut an Informationen, die plötzlich auf ihn einströmen, zu verarbeiten hat, gehen ihm ein paar Sachen durch den Kopf.

Der weibliche Dunstkreis – ihre Freundinnen

Das Erste, was der Mann an dieser Stelle denkt, ist: »Wer, in Gottes Namen, sind diese ganzen Leute, von denen sie da redet?« Einige Namen scheinen ihm geläufig, es muss sich um Freundinnen seiner Partnerin handeln, aber in welchen Beziehungen stehen diese Leute zueinander, welche besondere Bedeutung kommt ihnen im Gesamtzusammenhang der von ihr vorgetragenen Geschichte zu? Der Mann würde an dieser Stelle am liebsten zunächst auf einem DIN-A1-Präsentationsbogen ein Beziehungsdiagramm, ein sogenanntes Soziogramm, mit Pfeilanalyse anfertigen, um die genauen persönlichkeitsbezogenen Strukturen zu visualisieren.

Vielen Männern geht es mit dem weiblichen Freundeskreis ihrer Liebsten so. Sie können die vielen Freundinnen nicht ausschließlich über die akustische Formulierung des Namens auseinanderhalten. Sabine, Sybille, Beate, Gabi, Charlotte, Dorothea, Patrizia, Claudia und wie sie alle heißen mögen … Ohne Bild und besondere Kennzeichen ist es für Männer schwer, sie alle als Individuen wahrzunehmen. Die Freundinnen erscheinen ihm, wenn nur von ihnen geredet wird, wie ein leicht nebulöser, weiblicher Dunstkreis, eine amorphe Schwarmintelligenz, die in der Lage ist, die Stimmungen und Meinungen der Partnerin extrem zu beeinflussen.

Hilfreich ist es da, wenn sich der Mann beizeiten ein paar passende Attribute für die Freundinnen der Partnerin zurechtlegt. Ausgangspunkt dafür können auffällige Äußerlichkeiten sein, wie zum Beispiel »die drahtige Dorothea« oder »die großbusige Gabi« oder »die beinbehaarte Beate«. Gut zu merken sind für Männer darüber hinaus besondere Charaktereigenschaften oder Sinneseindrücke, die nicht direkt sichtbar sind, es ihm aber bestens ermöglichen, die Frauen zuzuordnen: »die parfümierte Patrizia« oder »die schlafzimmeräugige Charlotte« oder »die beeindruckend blöde Beate«.

Ganz wichtig dabei ist es allerdings, dass der Mann diese Attribuierungen streng geheim für sich behält. Obwohl der

Mann diese Bezeichnungen nicht herabsetzend oder despektierlich meint, so könnte seine Partnerin leider doch genau dies vermuten, wenn er fragt: »War die beeindruckend blöde, beinbehaarte Beate auch mit dabei?« Das Problem ist nicht damit gelöst, wenn Sie, meine Herren, die Attributierung mit ausschließlich positiv besetzten Wörtern vornehmen. Es könnte von der Partnerin nämlich auch ganz falsch verstanden werden, wenn Sie sagen: »Kommt die grandios granatenscharfe, großbusige Gabi auch mit?«

Daher gilt: Halten Sie die Attributierungen unbedingt und auf jeden Fall geheim. Zeigen Sie auch nach außen hin niemals zu deutlich, mit welchen Adjektiven Sie die Freundinnen Ihrer Partnerin belegt haben!

Wichtiger Praxistipp für Männer

Sie müssen die schwierige Gratwanderung vollbringen, die Freundinnen Ihrer Partnerin nach außen hin in angemessener Weise zu respektieren und zu »mögen« (sie dürfen Ihnen weder gleichgültig sein noch dürfen Sie sie »doof« finden), Sie dürfen sie aber auch auf keinen Fall »zu toll« finden. Sie sollten also weder zu viel noch zu wenig »mögen« einsetzen. Auf einer Skala von eins bis zehn ist die goldene Fünf dafür optimal.

Gut macht sich ein Satz wie: »Ich mag deine Freundinnen, sie passen gut zu dir. Ich kann verstehen, dass ihr euch gerne trefft, es sind alles sehr nette Mädels, und ich hoffe, ich mache als dein Freund (Mann) einen nicht allzu schlechten Eindruck auf sie.«

Das Problem mit der Erwartungshaltung

Das zweite Problem, das den Mann in unserem Beispiel umtreibt, ist sein verzweifelter Versuch, die von der Frau zum Besten gegebene Erzählung mit ihrer zuvor erfolgten Ankündigung in Einklang zu bringen. Er fragt sich:»Wann wird die Geschichte denn endlich verrückt? Immerhin hat sie eingangs erwähnt, ihr sei etwas Verrücktes passiert, das steigert natürlich die Erwartungshaltung. Bisher ist es nicht mehr als eine lose Aneinanderreihung von Personennamen, ohne dramaturgische Höhepunkte, keine Action, nur lahmes Beziehungsgequatsche mit einer für den armen werdenden Vater fürchterlich unangenehmen Überraschung, hoffentlich gibt es wenigstens ein Happy End am Schluss. Aber wie sollte das aussehen? Also, da kann ich mir lustigere und verrücktere Geschichten vorstellen.«

Kommunikationseskalation als unvermeidliches Ende

Das dritte und sicherlich schwerwiegendste Problem des Mannes ist jedoch: Er trocknet im Gehirn ganz allmählich aus. Seine Biernebenhöhle ist fast staubtrocken und infolgedessen sein Sprachzentrum nahezu deaktiviert.

Trotz alledem rafft sich der Mann (ein echter Kämpfer) an dieser Stelle auf und kommentiert die vernommene Geschichte mitleidig mit den Worten:»Tja, das ist ja dann echt blöd gelaufen, wie unangenehm für alle Beteiligten.«

Fassungslos starrt die Frau auf den Mann herab und seufzt:»Du verstehst mich einfach nicht!« Verzweifelt, erschöpft und resigniert sinkt sie auf die mokkabraune Couch, die einmal der Beginn ihrer Beziehung gewesen war. Doch das ist lange her …

Der Mann, sensibel, wie er ist, bemerkt in diesem Moment, dass die Frau auf einmal »irgendwie komisch« ist. Er versucht, die Dürre in seiner Biernebenhöhle zu ignorieren, und stellt eine leicht verwirrt klingende Nachfrage: »Was ist los? Hab ich was Falsches gesagt?«

»Was Falsches?! Sag mal, willst du mich ... Merkst du eigentlich gar nicht, was hier los ist? Bist du so engstirnig, dass du wirklich nicht kapierst, was ich dir sagen will?«

Die Frau schüttelt den Kopf, beißt sich auf den Zeigefinger und kann es nicht fassen, dass dieser Mann so ignorant ist.

Der Mann hingegen fühlt sich wie geohrfeigt. Wie kann es sein, dass diese Frau ihn so abgrundtief ungerecht behandelt? Warum wird sie nun so aufbrausend streitsüchtig? Was hat er nur schon wieder getan?

Konzentriert sucht er nach etwas, was er falsch gemacht haben könnte, er findet aber nichts. Darum wehrt er sich gegen ihre demagogische Unterdrückung, indem er aufbrausend und voller Trotz in der Stimme stöhnt: »Ich kapiere nicht, was du mir sagen willst? Du hast gesagt, dass Sybille trotz Pille schwanger ist und Andreas, der Vater des Kindes – Hallo?! –, im Moment anscheinend der Einzige ist, der das noch nicht weiß. Und ja, ok, ich verstehe wirklich nicht, was daran so toll sein soll. Erklär es mir.«

»Darum geht es doch gar nicht! Es geht doch gar nicht um Sybille und Andreas. Mein Gott, ich fasse es nicht!«

Nun ist der Mann endgültig und völlig verwirrt. Alle Reserven in der Biernebenhöhle und angrenzenden Bereichen sind restlos aufgebraucht, mit einem allerletzten Kraftakt artikuliert er seine Sicht der Dinge: »Hä? Was?! Ja, worum bitte schön, geht es denn dann? Du hast doch nur von Sybille, der Schwangerschaft und Andreas geredet!«

Stumm und den Tränen nahe schüttelt die Frau nur noch den Kopf.

Der Mann lässt nicht locker, er will des Rätsels Lösung ergründen, er fühlt sich von der Frau absichtlich in die Irre geführt und nun mit einem orakelhaften Rätsel allein gelassen. Er hebt ein letztes Mal und der Kapitulation nahe die Stimme: »Worum zum Teufel geht es dir? Ich höre Sybille, ich höre schwanger trotz Pille, und ich höre Andreas weiß von nichts.

Worum geht's denn da, wenn nicht um das, worüber du gesprochen hast? Hallo? Krieg ich auch mal 'ne Antwort?«

Der Frau kommen die Tränen, Tränen der Wut, Tränen der Verzweiflung und Tränen der Enttäuschung über diesen Mann und diese Beziehung, die für sie nun komplett infrage steht. Liebt dieser Mann sie überhaupt noch? Hat er sie jemals geliebt? Wie hat sie sich nur so in diesem Mann täuschen können? Oder hat er sich so schnell zu seinem Nachteil verändert? Hört er denn überhaupt nicht zu? So jedenfalls kann es nicht mehr weitergehen. Sie muss weg, weg von diesem Sofa, weg aus dieser Wohnung, weg von diesem Mann. Mit vor Wut zitternden Händen richtet sie sich auf: »Du bist so ein unsensibles, blödes …« Sie rafft ihre Jacke von der Garderobe, schnappt sich ihre Handtasche und stampft unaufhaltbar Richtung Wohnungstür. Dort dreht sie sich noch ein letztes Mal um, reißt sich die Kette vom Hals, die er ihr vor Jahren geschenkt hatte, wirft sie wie ausgespuckt auf den Boden und schleudert ihm mit sich überschlagender Stimme entgegen: »Ich will dich nie mehr sehen!« Krachend fliegt die Tür ins Schloss.

Die Frau ist weg.

Der Mann ist umgeben von deprimierender und vorwurfsvoller Stille. Er sinkt auf das Sofa hinab, hat ein riesiges, pulsierendes imaginäres Fragezeichen über seinem Kopf, lässt die Arme resigniert fallen und versteht weder die Welt noch diese Frau.

So und schlimmer kann es zugehen, wenn Mann und Frau mit den besten Absichten, einander zu verstehen, »miteinander reden«. Aber ich kann Sie beruhigen, in den nächsten Kapiteln werden Sie erfahren, wie einfach (und fröhlich) alles werden kann.

Ratschläge und Tipps zur sofortigen Umsetzung

In den vorangegangenen Kapiteln haben Sie bereits erfahren, wie es aufgrund fehlender oder falsch ausgeführter Kommunikation zu Problemen in einer Partnerschaft kommen kann. Sie haben einige Hinweise und Praxistipps erhalten, die Sie im täglichen Umgang mit Ihrem Partner oder Ihrer Partnerin ausprobieren können. Vielleicht haben Sie das auch schon getan? In den folgenden Kapiteln schauen wir uns nun das Hauptproblem zwischengeschlechtlichen Verstehens, die Kommunikation, abschließend noch einmal ganz genau an, und ich gebe Ihnen konkrete Hilfen und Umsetzungsvorschläge an die Hand, die, wenn Sie sie anwenden, Ihr Kommunikationsverhalten stark verändern und Ihr Leben verbessern werden.

Schlechter Ratschlag – das »Miteinander reden«

Läuft es in einer Beziehung nicht mehr so richtig rund, sind beide Partner nicht mehr so ganz glücklich miteinander, und gibt es immer wieder mal Probleme, dann raten nicht selten Freunde, Bekannte und Verwandte, aber auch Paartherapeuten dazu, die beiden betroffenen Personen sollten unbedingt miteinander reden. Sehr oft wird das »Miteinander reden«

als probater Lösungsansatz für partnerschaftliche Probleme angesehen. »Habt ihr mal darüber geredet?«, wird die Frau oft gefragt, wenn sie ihr Leid mit ihrer besten Freundin teilt. Leider ist oft genau das »Miteinander reden« das eigentliche Problem. Wer es als Lösungsansatz vorschlägt, verschlimmert in den meisten Fällen die Probleme in der Beziehung. Es hört sich so leicht an: »Dann rede doch mal mit ihm.« Als ob sich dadurch die Probleme lösen ließen. Die meisten problembeladenen Frauen ahnen schon den Betrug in dieser Sache und erwidern auf den wohlmeinenden Rederatschlag verzweifelt: »Das habe ich ja schon versucht, tausendmal hab ich mit ihm geredet, aber es bringt nichts!«

Den Männern geht es da übrigens nicht anders. Die wenigsten Frauen und Männer haben gelernt, geschlechtsspezifische Kommunikationsmuster zu beachten, um vernünftig miteinander zu reden. Ich kann es nicht deutlich genug sagen: Wenn Ihre Partnerschaft an einigen Stellen nicht optimal harmonisch und zur beiderseitigen Beglückung verläuft, kann das »Miteinander reden« die Sache dramatisch verschlimmern, verkomplizieren und zersetzend wirken bis zum Scheitern der Beziehung, obwohl beide nur das Beste im Sinn haben.

Jetzt fragen Sie sich vielleicht: »Was sollen wir dann tun? Schweigen? Probleme aussitzen? Schwierigkeiten ignorieren?« Natürlich würde das die Sache ebenfalls nur verschlimmern. Die Lösung liegt ganz einfach darin, dass wir lernen, uns der Unterschiede zwischen Mann und Frau ganz speziell im kommunikativen Bereich bewusst zu werden, und dann konkrete und leicht umsetzbare Lösungsstrategien mit einem vergnügten Augenzwinkern anwenden. Viele Probleme in Partnerschaften resultieren lediglich aus der Unwissenheit der kommunikativen Eigenheiten des Partners oder der Partnerin. Die Frau redet so mit ihm, wie sie mit ihren Freundinnen reden würde, was nicht funktionieren kann, und der Mann redet so mit ihr, wie er mit seinen Freunden reden würde, was ebenso wenig funktionieren kann. Erst dann, wenn beide gelernt haben, die geschlechtsspezifischen Eigenheiten in der Kommunikation zu verinnerlichen und anzuwenden, wird das »Miteinander reden« gelingen und Verständnis herbeiführen können.

Genau aus diesem Grund heraus ist dieses Buch entstanden. In den vorangegangenen Kapiteln habe ich Ihnen, meine lieben Leserinnen und Leser, die typischen kommunikativen Eigenheiten von Mann und Frau vor Augen geführt, und nun werde ich Ihnen die wichtigsten Umsetzungspunkte quasi als Gebrauchsanleitung an die Hand geben. Sie werden sehen, wenn Sie allein diese Tipps und Strategien anwenden, wird die Kommunikation mit Ihrem Partner oder Ihrer Partnerin schon deutlich reibungsloser verlaufen. Wenn aber auch Ihr Partner oder Ihre Partnerin dieses Buch gelesen hat, werden Sie beide sich besser verstehen denn je und noch mehr Spaß bei der Kommunikation haben.

Zuerst werde ich Ihnen, meine Damen, zeigen, wie Sie ein Gespräch mit einem Mann optimal eröffnen. Da dieser Fall wesentlich häufiger anzutreffen ist, scheint mir dies die richtige Vorgehensweise zu sein. Später (in »Tipps, wenn Sie als Mann mit Frauen gut reden wollen«, Seite 153 ff.) erkläre ich den Männern, wie sie ein Gespräch mit einer Frau optimal eröffnen und führen beziehungsweise führen lassen. Aber bitte lassen Sie, meine Herren, sich nicht davon abhalten, auch die folgenden Abschnitte über die Kommunikation zwischen Frau und Mann aufmerksam zu lesen. Es wird Ihnen dabei helfen, die Kommunikationsversuche Ihrer Partnerin besser zu erkennen und zu würdigen.

Tipps, wenn Sie als Frau mit Männern gut reden wollen

Guter Ratschlag – Biernebenhöhle richtig gepflegt

Sie erinnern sich vielleicht an einige Fakten, die wir bezüglich der Eigenheiten von Männern und Frauen im Hinblick auf ihre spezifischen Kommunikationsmuster erarbeitet haben. Sie haben sicher noch die besondere Bedeutung der Biernebenhöhle beim Mann im Hinterkopf, oder? Wenn Sie ein Mann sind, haben Sie die Biernebenhöhle nicht nur bildlich, sondern tatsächlich im Hinterkopf. Daher, meine Damen, ist mein erster Tipp, falls Sie ein Gespräch mit Ihrem Partner führen möchten: Rechtzeitig ein Bierchen kaltstellen.

Das ist wirklich wichtig. Denken Sie an seine Biernebenhöhle und die Voraussetzungen für das Funktionieren seines Sprachzentrums im Gehirn, und vergegenwärtigen Sie sich, dass der Mann ohne die sachgerechte Befüllung derselben schon aus rein physiologischer Sicht kaum in der Lage ist, ein Gespräch zu führen. Machen Sie es sich selbst nicht zu schwer, indem Sie ihm das Bier verwehren. Sorgen Sie dafür, dass ausreichend Bier im Haushalt vorhanden ist, idealerweise griffbereit und wohltemperiert im Kühlschrank. Sie brauchen das Bier nicht einmal selbst zu besorgen, diese Arbeit können Sie prima an ihn delegieren. Sie können ihn sogar bei der Ehre packen und sagen: »Ich glaube nicht, dass du es schaffst, vier volle Kästen Bier gleichzeitig aus dem Getränkemarkt zu schleppen, in jeder Hand zwei.«

So melden Sie ein Gespräch richtig an

Bitte melden Sie ein Gespräch unbedingt immer vorher kurz, aber deutlich offiziell und formal korrekt an, indem Sie aufzeigen; Sie dürfen dabei auch schnippen, wie früher in der Schule.

Dieser zweite Punkt ist ebenfalls elementar, denn damit berücksichtigen Sie, meine Damen, dass der Mann ein durch Monotasking gesteuertes Wesen ist. Männer können nicht mehrere Sachen gleichzeitig tun. Mit der Ankündigung des Gesprächs durch Aufzeigen und Schnippen geben Sie dem Mann einerseits das deutliche Signal, dass Sie mit ihm reden wollen, und andererseits geben Sie ihm damit einen Moment Zeit, die eine Tätigkeit, die er im Augenblick noch ausführt, zu beenden und sich auf ein Gespräch mit Ihnen zu konzentrieren. So kann er das, was auch immer er gerade tut, zu einem guten Ende führen. Er kann den Fernseher ausschalten, er kann rechts ranfahren und den Motor abstellen, er kann den Rasenmäher ausmachen, er kann das Messer beiseitelegen, er kann die Zeitung aus der Hand legen, er kann aufhören zu wohnen, was auch immer.

Zeigen Sie deutlich sichtbar und hörbar in seiner unmittelbaren Gegenwart auf, tun Sie dies unbedingt vor ihm stehend, nicht sitzend, und er wird aufmerken und so etwas denken wie: »Ach so, sie will mit mir reden. Na gut, dann höre ich jetzt auf zu wohnen, dann wird es zwar ungemütlich, aber egal, was mag es wohl geben?«

Inhalt – Content – das Thema des Gesprächs

Formulieren Sie das Thema, den Inhalt, den (neudeutsch) Content des folgenden Gespräches so deutlich wie möglich, wie eine treffende Überschrift, bevor Sie mit dem eigentlichen Gespräch beginnen.

Sie wissen ja bereits, dass Männer den Inhalt eines Gespräches ohne einen derartigen Hinweis nicht von allein, unterschwellig oder über den Subtext herausfiltern. Diesbezüglich kann es dramatische Verständnisschwierigkeiten geben, das kann ich nicht deutlich genug betonen. Ich weiß, von sich aus, ohne dieses Buch, würde eine Frau wahrscheinlich nie auf die Idee kommen, das Thema einer privaten Unterhaltung explizit vor Beginn des Gespräches herauszuarbeiten. Ich weiß aus Gesprächen mit vielen Frauen, dass Sie das vermutlich total bescheuert finden, oder? Bis heute haben Sie wahrscheinlich noch kein privates Gespräch mit den Worten eröffnet: »Schatz, ich möchte mit dir folgendes Thema besprechen, ich habe die Punkte 1a bis 1f inhaltsstark vorbereitet.«

Frauen gehen für gewöhnlich mehr oder weniger selbstverständlich davon aus, dass es über alle Maßen offensichtlich ist, worüber gesprochen wird. Ja, meine Damen, wenn Sie sich in reinen Frauenformationen unterhalten, dann ist das Thema natürlich sofort klar, es springt allen ganz selbstverständlich, fast bildlich ins Auge, alle wissen, worum es geht. Aber ich garantiere es Ihnen, wenn Sie das Thema beim Manne nicht deutlich genug voranstellen, dann wird er nicht wissen, worum es geht. Er wird während des Gespräches auch nicht ganz allmählich dahinterkommen, das können Sie vergessen. Einige Frauen machen daraus mitunter sogar eine Art Test. Sie wollen wissen, ob der Mann von allein aufs Thema kommt. Tut er es nicht, dann ist die Frau gekränkt oder, noch schlimmer, wird richtig böse, weil sie denkt, dass es doch so was von offensichtlich ist, worüber sie reden will. Ich kann schon jetzt sagen: Nein, das ist es nicht. Er wird nicht von allein auf das Thema kommen, das wäre Zufall.

Frauen, die das Thema nicht deutlich vor Beginn des Gespräches erwähnen, beginnen einfach nebenbei ein Gespräch über scheinbar Unwichtiges, haben aber etwas für die Beziehung Bedeutsames im Hinterkopf, ohne dies jedoch klar zu sagen. Diese Frauen bemühen sich um eine »sanfte Hinleitung zum schwierigen Thema«. Sie beginnen scheinbar ungefährlich mit der einfachen Frage: »Bist du eigentlich zufrieden mit unserer Beziehung?« Wenn Sie dieses Buch bis hierher aufmerksam gelesen haben, dann ahnen Sie natürlich, dass die Frau auf etwas ganz anderes hinauswill. Diese Art der Gesprächseröffnung, meine Damen, kann ganz schnell zu einem nicht von Ihnen intendierten Verlauf führen. Denn es kann durchaus passieren, dass der Mann antwortet: »Ja sicher!«, und damit ist das Gespräch für ihn bereits beendet. Sie, meine Damen, dürfen seine knappe Antwort jetzt nicht missverstehen. Der Mann hat Ihnen hier seine volle Unterstützung zugesichert, er hat Ihnen seine aufrichtige Liebe und Zuneigung kundgetan, und er ist glücklich mit Ihnen und der Beziehung. Aber Sie wollten eigentlich etwas ganz anderes besprechen, oder?

Dieser dritte Aspekt – worum soll es im folgenden Gespräch gehen, was ist das Thema – ist extrem wichtig. Sie müssen unbedingt alle drei Punkte beachten, sonst besteht immer die Gefahr, dass das Gespräch eine Katastrophe wird. Selbst wenn Sie Punkt eins (Bier) und Punkt zwei (Aufzeigen) berücksichtigen, kann ein Gespräch immer noch an der Missachtung von Punkt drei (Thema) scheitern.

Praxisbeispiel Gesprächsverlauf
Zur besseren Verdeutlichung des Sachverhalts schauen wir uns nun an einem beispielhaft verlaufenden Gespräch zwischen Frau und Mann an, welche Folgen das Ignorieren von Punkt drei haben kann.

Die Ausgangssituation ist die folgende: Der Mann hat bereits ein geöffnetes Bier in greifbarer Nähe und wohnt recht gemütlich vor sich hin. Er genießt den Feierabend, lässt fünfe gerade und den lieben Herrgott einen guten Mann sein. Punkt eins einer optimalen Gesprächseröffnung für den Mann ist gegeben, wunderbar. Die Frau kommt mit erhöhtem Puls, leicht geröteter Wangenfarbe und erhobenem Zeigefinger (prima, sie zeigt auf! – Punkt zwei) zielstrebig auf ihn zu, stellt sich vor ihn hin und sagt mit leicht erhöhter Lautstärke: »Wir müssen reden!«

Ganz hervorragend hat die Frau in diesem Beispiel den zweiten Punkt verinnerlicht. Sie zeigt auf, stellt sich direkt vor ihn und sagt sogar laut und deutlich, dass nun ein Gespräch erfolgen soll. Besser kann sie das nicht machen. Allerdings, und das ist im Hinblick auf Punkt drei absolut bedeutsam: Sie nennt das Thema nicht. Mit keinem Wort erwähnt sie auch nur ansatzweise, worum es im nun folgenden Gespräch gehen könnte. Selbstverständlich weiß die Frau sehr genau, worüber sie mit ihm reden möchte. Aus ihrer Sicht ist es völlig klar, was nun kommt, so wie er sich in der letzten Woche mal wieder danebenbenommen hat, ist doch ganz offensichtlich, oder?

Nein, meine Damen, es ist nicht klar, nicht wenn Sie einem Mann gegenüberstehen. Wahrscheinlich weiß er nicht einmal, dass er sich in der letzten Woche danebenbenommen hat. Mit ziemlicher Sicherheit hat er die Situation, die Sie bis heute aufregt, entweder schon völlig vergessen oder sie völlig anders und als überhaupt nicht schlimm wahrgenommen. Er weiß nicht, worum es geht oder was als Nächstes kommt. Genau deshalb fragen die mutigsten Männer an dieser Stelle ja sogar nach: »Was? Reden? Worüber?« Seien wir ehrlich: Das ist die von ihm freundlich formulierte Frage nach dem Thema des Gespräches. Er möchte wissen, worum es geht. Aber was passiert für gewöhnlich in dieser Situation? Die Frau betrachtet seine Frage als Affront, sie sieht eine vorsätzliche Provokation. Durch seine scheinbare (aber nicht intendierte) Herausforderung weiter angestachelt, pfeffert sie ihm so etwas entgegen wie: »Worüber? Ha! Das weißt du sehr wohl!« Die Frau denkt, dass dieser Mann sich absichtlich blöd anstellt, dass er nur so unschuldig tut, dass er ganz genau weiß, was sie schon seit über einer Woche ärgert.

Nein, meine Damen, das weiß er wirklich nicht, sonst würde er doch nicht nachfragen. Ich kann Ihnen ganz ehrlich als Mann versichern, dass er Sie nicht provozieren will, er will Sie auch nicht ärgern. Ich weiß, dass viele Frauen mir das nicht glauben werden, gerade weil sie aus ihrer Sicht der Dinge das Verhalten des Mannes komplett anders deuten. Wenn eine Frau mit den Worten des Mannes – »Was? Reden? Worüber?« – reagieren würde, dann würde es sich tatsächlich um eine Provokation handeln. Aber anhand der Intonation dieser Frage, die nämlich bei Mann und Frau komplett anders ausfällt, wird die völlige Andersartigkeit derselben Worte deutlich.

Der Mann fragt diese drei Worte mit absolut gleichbleibender Tonlage und kurzen Pausen zwischen den Worten. »Was?« kennzeichnet bei ihm die Phase der Orientierung, er hat gerade erst realisiert, dass sie direkt vor ihm steht und seine bisher von ihm ausgeführte Tätigkeit unterbricht. Das »Was?« ist Kennzeichen dafür, dass er nun diese vorherige Tätigkeit beendet und sich neu sortiert. Dann folgt eine kurze Pause. Hiernach setzt der Mann in gleicher Tonalität mit der Frage »Reden?« nach. Er schaltet auf die neue, ihm abverlangte Tätigkeit um und aktiviert die dafür benötigten Areale seines Gehirns, was ziemlich schnell geht, muss man sagen. Dann nämlich schon hat der Mann innerhalb weniger Sekunden bemerkt, dass das Thema des gewünschten Gespräches noch nicht erwähnt wurde. Wir sehen hier eigentlich eine fantastische, geradezu blitzartige Analyseleistung des Mannes. Innerhalb weniger Augenblicke löst er sich komplett aus seiner bisherigen Tätigkeit, stellt sich auf etwas völlig anderes ein und hat schon analysiert, dass dazu noch ein Aspekt, nämlich das Thema, fehlt. Aber nicht nur das, er stellt sogar die dafür notwendige Frage und gibt der Frau die Möglichkeit, diesen Fehler wiedergutzumachen.

Ergibt sich unter zwei Frauen derselbe Dialog (eine beginnt das Gespräch vorwurfsvoll mit »Wir müssen reden!« und die Angesprochene erwidert: »Was? Reden? Worüber?«), dann ist die Intonation und der durch sie transportierte Subtext grundlegend anders. Die Intonation zeichnet sich dadurch aus, dass die Frau die drei Worte provokant melodiös und fast nahtlos aneinanderreiht. Beide Frauen wissen bereits jetzt, was es zu besprechen gibt.

Ein Beispiel für eine solche Szene wäre die folgende: Die angesprochene Frau weiß, dass die gesprächseröffnende Frau weiß, dass sie mit ihrem Freund geflirtet und es ihm gefallen hat. Natürlich ist die Gesprächseröffnende fürchterlich eifersüchtig und will der Angesprochenen klarmachen, dass sie die Finger von ihm lassen soll.

Die gesprächseröffnende Frau erfährt durch die provozierende Replik, dass die Angesprochene sehr wohl weiß, dass sie eifersüchtig ist, es der Angesprochenen aber ziemlich egal ist, solange sie die Gesprächseröffnende ärgern kann, indem sie mit ihrem Freund flirtet, denn die Angesprochene hat nicht vergessen, dass eigentlich sie es war, die vor drei Jahren ein Auge auf ihn geworfen hatte. Außerdem hat sie der Gesprächseröffnenden bis heute nicht verziehen, dass sie damals auf der Party das gleiche Kleid anhatte.

Nun, meine Damen, bei Männern ist das wirklich anders. Er weiß bis zu diesem Zeitpunkt ganz ehrlich nicht, was Thema ist, genau deshalb fragt er nach: »Reden? Worüber?« Wenn die Frau dann vorwurfsvoll sagt: »Ha! Das weißt du sehr wohl!«, dann wirkt der Mann wie vor den Kopf geschlagen. Stumm in sich gekehrt fragt er sich nun: »Was? Ich weiß schon, worum es geht? Woher denn?« Der Mann beginnt eine intrinsische Suche nach einem möglichen Thema. Inzwischen ist die Frau so ungehalten, dass sie jetzt lautstark fortfährt mit dem, was sie zu sagen hat. Inhaltlich lasse ich das an dieser Stelle absichtlich offen, dann können Sie Ihre eigenen Worte einfügen. Aber es sind in jedem Fall Dinge, die ihr wirklich wichtig sind. Die müssen jetzt endlich alle mal raus, die liegen ihr schon so lange auf dem Herzen, das muss er sich jetzt alles mal anhören.

Mit angelegten Ohren hört der Mann sehr genau und hoch konzentriert zu. Dabei bekommt er über die Art und Weise, wie sie mit ihm spricht, durchaus ihre Stimmung vermittelt.

Er bemerkt sehr wohl, dass es kein Loblied ist, das sie in diesem Moment auf ihn singt. Er realisiert für sich: »Oh, oh, ich kriege Schimpfe!« Aber er weiß nicht warum und nicht wieso, er hat weiterhin keine Ahnung vom Thema des Gesprächs und sucht immer verzweifelter danach.

Die Vergesslichkeit der Männer

Möglicherweise zürnt sie ihm sein unmögliches Verhalten, welches er letzte Woche an den Tag gelegt hat. Es kommt bei Frauen recht häufig vor, dass sie noch Tage, Wochen, ja Monate nach einer unangenehmen Sache, welcher Art auch immer, eine solche Angelegenheit zur Sprache bringen. Auch dies geht in den wenigsten Fällen gut, da sich die meisten Männer an diese Vorfälle gar nicht oder nur bruchstückhaft erinnern können. Frauen haben in dieser Hinsicht ein viel größeres Gedächtnis und können unangenehme Dinge sehr gut abspeichern und zu jeder Gelegenheit darauf zurückkommen.

Aber, meine Damen, ich möchte Sie bitten, dies aus ureigenem Interesse nicht zu tun. Sie können doch nicht ernsthaft eine Woche oder später ein von ihm begangenes Fehlverhalten mit Sanktionen belegen. Der Mann wird das nicht verstehen, die wenigsten werden sich erinnern oder ihr eigenes Verhalten in der besagten Situation überhaupt als Fehlverhalten ansehen. Da kann es nur Missverständnisse geben. Männer sind in dieser Sache den Hunden nicht unähnlich.

Hatten Sie schon einmal einen Hund? Dann haben Sie vielleicht in der Hundeschule gelernt, dass Sie, sollte der Hund sich nicht nach den vom Halter vorgegebenen Regeln verhalten, maximal ein bis zwei Sekunden Zeit haben, um eine Sanktion, wie zum Beispiel den berühmten Leinenruck, erfolgen zu lassen. Wenn Sie den armen Hund erst eine Woche, nachdem er nicht »bei Fuß« gelaufen ist, bestrafen, dann wird das verständnislose Tier Sie nur mit großen fragenden Augen ansehen. Schlimmstenfalls fühlt es sich völlig ungerecht behandelt, aus dem Rudel ausgestoßen und nicht mehr geliebt. Eine überaus traurige Situation, finden Sie nicht? Wenn Ihr Mann sich also mal daneben benimmt, etwas sagt, tut oder trinkt, was Ihnen nicht passt, was Sie stört oder kränkt, dann sagen Sie es ihm sofort. Sagen Sie es ihm innerhalb von maximal zwei Sekunden so deutlich wie möglich, mit klarem Bezug zum Thema. Zwei Beispiele für die praktische Umsetzung:

Praxistipp für Frauen: So rügen Sie männliches Fehlverhalten I

Sie sind mit ihm in einem schicken Restaurant essen und er schaut der 25-jährigen Bedienung mit den langen Beinen und der großen Oberweite einen Tick zu lange hinterher. Jetzt kommt es auf Sekunden an! Warten Sie auf keinen Fall, bis er mit dem Hinterherschauen fertig oder die Bedienung außer Sichtweite ist, denn dann kann es sein, dass er bereits alles vergessen hat! Männer können sehr im Augenblick verweilen, und wenn Sie ihn nur ein paar Minuten später darauf ansprechen, werden viele Männer verständnislos fragen: »Welche Bedienung?«

Warten Sie also nicht, sondern fassen Sie ihm beim Hinterhergucken mit Daumen und Zeigefinger direkt an die Nase und sagen dann so etwas wie: »Hey, ich möchte nicht, dass du anderen Frauen hinterherschaust. Mich interessieren jetzt keine Ausreden oder Erläuterungen darüber, dass du nur ihre professionelle Arbeitsweise goutiert hast. Akzeptiere diese Verwarnung ohne ein weiteres Wort, sie ist in dieser ersten Variante noch nicht persönlich gemeint. Speichere es für die Zukunft ab, richte dich danach, und wir können ein tolles Abendessen zusammen genießen, wenn du mir im Laufe des Abends einige wohlgesetzte Komplimente machst und deine volle Aufmerksamkeit auf mich fokussierst. Wenn du das verstanden hast, dann sag nichts, sondern bestätige es mir jetzt mit einem Kopfnicken.«

Praxistipp für Frauen: So rügen Sie männliches Fehlverhalten II

Ihr Partner schenkt Ihnen teure Gerätschaften für die Küche oder den Haushalt. Lassen Sie nicht zu, dass dies auch nur ein einziges Mal geschieht (es sei denn, Sie mögen es!). Wenn Sie eine solche Gabe nur einmal annehmen, werden Sie in Zukunft mehr davon bekommen. Sie werden es anziehen, Sie werden ein Haushaltsgerätemagnet werden. Es reicht nicht, wenn Sie mit vor Ironie triefender Stimme sagen: »Oh, ein Geschenk, wie aufmerksam ... und so, na ja, praktisch.« Das Wort »praktisch« hat in diesem Zusammenhang für Frauen in etwa die Bedeutung von »bescheuert« oder »völlig daneben«, aber für Männer kommt es einer begeisterten Belobigung gleich. Denn Männer mögen praktische Dinge, und sie freuen sich, wenn Sie erkannt haben, dass es »praktisch« ist. Er wird sagen: »Ja, es ist wirklich praktisch! Schau, was du damit alles machen kannst ...«, und dann folgt eine komplette Bedienungsanleitung.

Besser ist, wenn Sie das Geschenk sofort zurückgeben mit den Worten: »Ich verstehe, dass du mir etwas Tolles schenken wolltest, und ich danke dir für die gute Absicht. Aber dieses Geschenk ist nicht das, was ich will, nimm es zurück, tausche es gegen Bargeld um und kauf mir etwas anderes. Vielleicht bist du jetzt verwirrt und weißt nicht recht, was das sein könnte, wo du dir doch schon so viele Gedanken über ein passendes Geschenk gemacht hast. Dann nimm bitte diese Geschenkliste entgegen, die darauf aufgeführten Dinge gefallen mir. Aus dieser Liste kannst du frei wählen.« Dann reichen Sie ihm die vorbereitete Liste mit Dingen, die Sie mögen und über die Sie sich freuen würden. Ist diese Liste nach Kaufpreisen gestaffelt sortiert, werden Sie in Zukunft noch mehr Freude an dem haben, was Sie von ihm geschenkt bekommen.

Wenn Sie die Vergesslichkeit der Männer nicht berücksichtigen und das Gespräch weiter so verläuft wie oben beschrieben, dann werden viele Männer am Ende ziemlich eingeschüchtert folgende Frage stellen: »Schatz, was willst du eigentlich von mir?« Das ist immer noch die Frage nach dem Thema des Gespräches, es wird ihm nicht gelingen, dieses herauszufiltern.

Frauen können oft das Thema wechseln
Die Steigerung der Themenproblematik erleben einige Männer bei Frauen, die während ein und desselben Gespräches, innerhalb gleichbleibender Redetempi und Sprachmelodien, das Thema wechseln. Ohne Vorankündigung oder unterschwellige Hinweise gehen solche Frauen mitten im sprachlichen Geschehen zu einem anderen Thema über in der fehlgeleiteten Annahme, er könne folgen. Natürlich kann er nicht folgen. Die sensibelsten unter den Männern allerdings könnten durchaus so etwas bemerken wie: »Moment mal, wir haben uns doch gerade über etwas ganz anderes unterhalten, oder?« Sie werden aber in vielen Fällen nicht (mehr) wissen, worüber sie sich zuvor unterhalten haben.

Was können Sie da machen? Wie bekommen Sie die Problematik mit der Thematik in den Griff?

So bekommen Sie das Thema mit dem Thema in den Griff
Mein Tipp ist, meine Damen: Bereiten Sie einfach einmal ein paar Themenkärtchen vor. Ich weiß, viele von Ihnen werden an dieser Stelle kopfschüttelnd auflachen, aber es ist wirklich so. Im Umgang mit dem Thema wird dieses Hilfsmittel eine Menge Sicherheit bringen. Probieren Sie es jetzt gleich aus. Nehmen Sie sich ein paar Karteikärtchen und schreiben Sie auf jede Karte ein Thema. Überlegen Sie dabei, welche Themen Ihnen gerade unter den Nägeln brennen, oder lassen Sie sich von der Frage leiten: »Worüber wollte ich schon immer einmal mit meinem Partner reden?« Ich bin mir sicher, dass jeder Frau sehr schnell zehn bis zwanzig Themen einfallen.

So können Sie aus Ihren vorbereiteten Themenkärtchen jederzeit das aktuell anstehende Thema auswählen und Ihrem Partner bei Gesprächsbeginn vorlegen. Noch besser wäre es, wenn Sie Ihre Wunschthemen vor dem Gespräch anhand einer PowerPoint-Präsentation über einen Beamer aufzeigen. Das wäre wirklich super, dann ist auch ihm absolut klar, was Thema ist, worum es geht. Diese PowerPoint-Präsentationen sind ja oft gerade und rechtwinklig angeordnet, so etwas lieben Männer (siehe »Männer arbeiten sehr exakt und geradlinig«, Seite 50 f.). Aber Karteikärtchen reichen für den Anfang völlig aus.

Wenn Sie dann mit ihm reden möchten, meine Damen, gibt es eigentlich nur drei wichtige Punkte zu berücksichtigen. Handeln Sie diese drei Punkte in der richtigen Reihenfolge ab, dann ist es gar nicht so kompliziert, ein gutes Gespräch mit einem Mann zu führen. Gehen Sie folgendermaßen vor:

1. Öffnen Sie ein gut gekühltes Bier und stellen Sie es ihm zunächst kommentarlos in unmittelbarer Reichweite hin.

2. Melden Sie Ihren Gesprächswunsch offiziell und formal korrekt einmal deutlich an, indem Sie aufzeigen.

3. Mischen Sie die Karteikärtchen mit den Themen (nennen Sie diese in Zukunft ruhig »Themenkärtchen«) und sagen Sie: »Schatz, ich möchte sehr gerne jetzt mit dir reden. Das Thema findest du auf den Themenkärtchen, zieh doch mal eines.«

Ich bin mir sicher, wenn Sie sich an diese Vorgehensweise halten, wird das folgende Gespräch für alle Beteiligten klarer und gewinnbringender sein. Vielleicht wird es sogar lustiger. Sie glauben es nicht? Sie denken, das kann so nicht funktionieren? Probieren Sie es einfach einmal genau so aus. Ich habe schon viele Paare erlebt, die bei meinen Auftritten diese Art der Gesprächseröffnung erlernt und sie danach mit viel Spaß in ihren partnerschaftlichen Alltag integriert haben. Nicht wenige haben mir in E-Mails oder meinem Online-Gästebuch über ihre Erfolge mit dieser Methode berichtet. Einmal schrieb mir sogar eine Zuschauerin in mein Gästebuch: »Ich glaube, du hast meine Beziehung gerettet.«

Tipps, wenn Sie als Mann mit Frauen gut reden wollen

Was aber ist aufseiten der Männer zu tun, wenn diese ein Gespräch mit ihrer Partnerin eröffnen wollen? Interessanterweise habe ich die Erfahrung gemacht, dass dieser Fall seltener auftritt als umgekehrt. Männer haben seltener von sich aus das Bedürfnis, mit ihrer Partnerin zu reden. Das soll keineswegs heißen, dass Männer a priori nicht gerne mit ihrer Partnerin sprechen würden, ganz gewiss nicht. Allerdings ist es meist so, dass der männliche Gesprächsbedarf im Hinblick auf die Partnerschaft bereits überwiegend durch die von der Frau initiierten Gespräche abgedeckt wird. In vielen Fällen ist es die Frau, die öfter partnerschaftsrelevante Gespräche eröffnet und somit bereits seine entsprechenden Bedürfnisse voll erfüllt. Weitere Gespräche sind aus männlicher Sicht oft nicht mehr vonnöten. Falls sich beim Mann dennoch ein zusätzlicher Gesprächsbedarf ergeben sollte, muss selbstverständlich auch er im kommunikativen Miteinander ein paar Dinge beachten.

Das große Stichwort für Sie lautet »Aktives Zuhören«, meine Herren. Lehnen Sie sich nicht zurück und erwarten eine actionreiche Story mit Pointe am Schluss. Wenn Sie wirklich daran interessiert sind, was Ihre Partnerin denkt, fühlt und meint, dann brauchen Sie ein paar »Werkzeuge«, um an die für Sie als Mann verständlichen Details zu gelangen.

Ein Beispiel: Sie fragen Ihre Partnerin, die den ganzen Abend über irgendwie komisch und abweisend ist: »Alles in Ordnung mit dir?«, und Ihre Partnerin antwortet: »Ja. Schon.« Dann wäre es fatal, wenn Sie hier nicht versuchen würden, etwas mehr Klarheit zu erlangen. Ohnehin ist die Formulierung »Alles in Ordnung mit dir?« aus weiblicher Sicht etwas unglücklich gewählt, da sie unterschwellig impliziert, dass mit der Frau etwas nicht in Ordnung sei, was diese sogleich in die Defensive drängt. Bei der Frau kommt die Frage eher so an: »Du (Weib!) bist nicht in Ordnung, etwas mit dir stimmt nicht, offenbare alle Gründe, warum du schlechte Stimmung verbreitest und dem Manne den Abend verdirbst.«

Wenn die Frau »irgendwie komisch« ist

Wenn Sie als Mann das merkwürdige, nicht ganz klar definierte Gefühl haben: »Irgendwie ist die Frau heute komisch«, und Sie nicht wissen, warum das so ist oder was Sie dagegen tun können, dann probieren Sie Folgendes:

Holen Sie ihr ein Glas Wasser und reichen Sie es direkt in ihre Hand. Das ist für zweierlei Dinge gut. Einerseits hat die Frau etwas, woran sie sich festhalten kann, andererseits hat sie etwas, was sie Ihnen im Extremfall ins Gesicht schütten könnte, ohne dass es Flecken gibt.

Dann setzen Sie sich neben sie und schauen ihr in die Augen. Versuchen Sie dabei einen leicht schuldbewussten Ausdruck an den Tag zu legen. Damit zeigen Sie ihr direkt, dass Sie bereits ahnen, dass Sie etwas falsch gemacht haben. Auch wenn Sie sich keiner Schuld bewusst sind und aus Ihrer Sicht alle nur möglichen und unmöglichen Anschuldigungen absolut aus der Luft gegriffen, haltlos und bar jeder Grundlage sind – egal. Beginnen Sie defensiv, fühlen Sie sich schon mal ein bisschen schuldig, es kann nicht schaden.

Greifen Sie jetzt aber nicht vor und entschuldigen sich »blanko« für egal was auch immer Sie gemacht (oder eben nicht gemacht) haben. Für Sie als Mann wäre das natürlich einfach, und mancher Mann versucht auch, sich so aus der Affäre zu ziehen, indem er sagt: »Ich entschuldige mich! Egal, was auch immer ich schon wieder verbrochen haben mag, es tut mir leid, mea culpa! Könntest du jetzt bitte wieder so nett zu mir sein wie sonst auch?« Ein solches Verhalten macht die Sache auf jeden Fall schlimmer, weil Sie der Frau signalisieren: »Ich nehme dich und deine Gefühle nicht ernst, mir liegt nichts an deiner Sichtweise der Dinge.« So geht es also nicht. Vielmehr atmen Sie einmal tief ein und aus und schauen ihr in die Augen, so lange Sie können. Achten Sie dabei genau auf die Reaktion der Frau.

Wenn die Frau …
… Ihrem Blick standhält, dann können Sie sich schon mal auf eine handfeste Standpauke gefasst machen, die Frau ist sauer. Das ist übrigens gar nicht so schlecht, so erfahren Sie am schnellsten und einfachsten, was los ist und was die wahren Gründe für die Missstimmung Ihrer Partnerin sind. Sie können zielgerichtetes **Reklamationsmanagement mit Partnerbindung** betreiben und aus Ihrem vermeintlichen Fehlverhalten Rückschlüsse für Ihr Verhalten in der Zukunft ziehen. Wie das geht, lesen Sie im Abschnitt »Reklamationsmanagement mit Partnerbindung«, Seite 156 ff.

… Ihrem Blick ausweicht, dann wird es kompliziert, denn die Frau ist gekränkt, etwas oder jemand (ziemlich sicher Sie!) hat ihre Gefühle verletzt. Weibliche Gefühlsregungen sind für Männer nicht immer nachvollziehbar, geschweige denn logisch. Es kann recht schwer werden, in so einer Situation an ihre wahren Beweggründe heranzukommen, weil viele Frauen aufgrund der Kränkung erwarten, dass Sie den Grund für ihre Kränkung »erfühlen« – schließlich ist es doch so was von offensichtlich, warum sie gekränkt ist. Wenn Sie Ihre Partnerin nun konkret fragen: »Was hab ich denn getan?«, dann wird die Sache nur noch viel schlimmer werden, die Kränkung wird vergrößert. Sie werden sich wohl oder übel über Umwege ganz vorsichtig an den Kern des Problems herantasten müssen, Sie brauchen **emotionale Tiefenfühlung**. Was es damit auf sich hat und wie Sie diese erlangen, lesen Sie im Abschnitt »Emotionale Tiefenfühlung«, Seite 161 ff.

Reklamationsmanagement mit Partnerbindung

Die Frau hält Ihrem Blick stand, atmet tief ein und legt dann los. Sie schimpft und zetert, zeigt mit dem Finger auf Sie, wird schrill und echauffiert sich. Es könnte sich um eine Tirade der folgenden Art handeln: »Es ist immer wieder das Gleiche! Nie nimmst du Rücksicht auf meine Bedürfnisse, du fragst dich nie, was ich wohl davon halten könnte. Hauptsache der Herr hat seinen Spaß, das Weibchen soll am liebsten schön brav sein und alles abnicken.«

Was auch immer kommt, nehmen Sie es dankbar als Hinweis darauf, was Sie in Zukunft besser machen können. Am liebsten würden Sie mitschreiben, um es später in Ruhe nachzuarbeiten, aber das wäre in dieser Situation kontraproduktiv. Die bessere Lösung: Es gibt inzwischen sehr kleine Diktiergeräte mit fast unsichtbaren, externen Mikrofonen, so ein kleines technisches Hilfsmittel kann Sie dabei unterstützen, die Anschuldigungen später in Reinform zu strukturieren.

Im oben beschriebenen Beispiel kann der Mann natürlich noch gar nicht wissen, was der eigentliche Grund für die schlechte Stimmung seiner Partnerin ist, da noch kein erkennbarer Grund genannt wurde. Egal. Am besten lassen Sie die Frau erst einmal reden und stellen dann, wenn sich der erste Sturm ihrerseits gelegt hat, folgende Frage: »Ich kann verstehen, dass du jetzt sauer bist (auch wenn Sie überhaupt gar nichts verstanden haben!). Du hast gesagt, dass ich (hier wiederholen Sie alles, was vonseiten der Frau an Vorwürfen ausgesprochen wurde ... keine Rücksicht auf deine Bedürfnisse nehme, nie frage, was du von etwas hältst etc.). Gibt es außer diesen Dingen, noch weitere Sachen, die dich verärgert haben?«

Es kann nämlich sein, dass der eigentliche Grund ihrer Missstimmung noch gar nicht ausgesprochen wurde, sondern die Frau zunächst eine allgemein schlecht gelaunte Tirade zur Reinigung ihrer angestauten Gefühle losgelassen hat. Wenn Sie nun fragen, ob es noch andere Gründe gibt, dann könnten Sie Glück haben, dass jetzt der eigentliche Auslöser relativ klar von ihr benannt wird.

»Ob es noch andere Gründe gibt?« Eigentlich erwartet die Frau, dass Sie das bereits wissen, aber in diesem Fall ist sie hilfsbereit und erklärt es Ihnen: »Also wirklich, der Herr macht sein Ding, plant seine Wochenenden schön im Voraus und denkt nicht einmal daran, dass seine Frau vielleicht auch mal mit ihm alleine etwas unternehmen möchte, ohne ständig seine dämlichen Kumpels mitschleppen zu müssen. Seit drei Wochen warte ich darauf, dass wir mal zu zweit romantisch essen gehen oder mal wegfahren, nur wir beide, aber ich habe den Eindruck, du willst das gar nicht. Ist es dir unangenehm, mit mir allein zu sein, oder was? Du verabredest dich oder uns nämlich ständig mit irgendwelchen Leuten. Da ist doch wohl klar, dass irgendwann die Frage aufkommt: Liebst du mich überhaupt noch?«

Wow, jetzt sind Sie dran. Mein Tipp: Gehen Sie auf keinen Fall in die Offensive, rechtfertigen Sie sich nicht, leugnen Sie nichts, erklären Sie nichts. All dies lässt die Situation nur eskalieren.

Ich weiß, vielen Männern wird es an dieser Stelle überaus schwerfallen, diesen Ratschlag zu befolgen, bei einigen wird es sogar einen Würgereflex auslösen, aber probieren Sie es aus. Selbst wenn Sie eigentlich einwenden wollen: »Aber was ist, wenn ich **wirklich** recht habe? Was ist, wenn ich sogar absolut sicher und vor aller Welt **beweisen** kann, dass sie mir mit ihren Anschuldigungen unrecht tut? Wir waren doch erst vor zwei Monaten im Romantikhotel, nur wir zwei, mit dekadentem Abendessen, das volle Programm, und ich habe alles bezahlt, ich habe die Rechnungen sogar noch irgendwo aufbewahrt, weil ich den Steuerberater fragen wollte, ob ich das irgendwie absetzen kann! Ich kann sie jetzt sofort holen, ich kann sie ihr zeigen, das war alles gar nicht billig! Das kann ich doch so nicht hinnehmen, oder?«

Nun, wenn Ihnen an der aktuellen Beziehung gelegen ist, werden Sie es hinnehmen müssen, und ich sage Ihnen auch, warum.

Wenn Sie in einer konflikthaften, emotionalisierten Situation mit der Partnerin anfangen die Dinge sachlich zu betrachten, wenn Sie mit Beweisen um die Ecke kommen oder Zeugen aufrufen möchten (»ich kann die Rezeption anrufen, wenn du es vergessen hast, die werden sich noch an uns erinnern, weil wir das Sofa in der Suite mit Kerzenwachs versaut haben«), dann kommen Sie vielleicht (»vielleicht« mit dickem Ausrufezeichen) zu Ihrem Recht, aber Sie werden eine große Schlacht um die Beziehung und um die Liebe Ihrer Partnerin verloren haben. Denn emotionalisierte Frauen lassen sich nicht »versachlichen«, sie lassen sich nicht »auf den Boden der Tatsachen zurückholen«. Das genaue Gegenteil wird passieren, wenn Sie mit Beweisen kommen. Erstens wird die Frau Ihrer Sachlichkeit nicht folgen, sondern eben diese Sachlichkeit als Provokation, als Verachtung ihrer Gefühle verstehen. Und zweitens kann es gut sein, dass Ihre sachlichen Argumente völlig am Thema vorbeizielen, denn oft geht es der Frau weniger um die konfliktauslösende Tatsache als um die dadurch verursachten Gefühle (sie wird, der Verzweiflung nahe, sagen: »Darum geht es mir doch gar nicht!«).

Hier also mein Rat: Kommen Sie ihr nicht mit Beweisen dafür, dass Sie im Recht sind, denn damit sagen Sie Ihrer Partnerin durch eine ziemlich verwelkte Blume: »Du bist im Unrecht, und deine Gefühle interessieren mich nicht!« So jedenfalls kommt es bei der Frau an. Sie erzielen nichts weiter als einen zusätzlichen Konflikt, der eine Spaltung in Recht und Unrecht nach sich ziehen wird. Lassen Sie all das, und hören Sie stattdessen genau zu, was die Frau zu sagen hat.

Sobald klar ist, aus welchem Grund die Frau wirklich sauer auf Sie ist, gehen Sie noch ein Stück weiter in die Defensive und dann (crescendohafter Trommelwirbel): **Bestätigen Sie die Frau in allem, was sie Ihnen vorwirft. Egal, was es ist!** Auch wenn Sie absolut anderer Meinung sind, auch wenn Sie einem Mann gegenüber so etwas nie auf sich sitzen lassen würden, bei Ihrer Partnerin nicken Sie, pressen Ihre Lippen schuldbewusst aufeinander, schauen schüchtern auf den Fußboden (Sie signalisieren damit auch nonverbal Ihre hündische Unterwürfigkeit. Seien Sie versichert, dass Ihre Partnerin Ihnen nicht die Kehle durchbeißen wird), und dann sagen Sie nach kurzer Pause so etwas wie: »Es tut mir leid. Da hab ich wirklich Mist gebaut. Das war unüberlegt.«

Hier macht sich eine abermalige schuldbewusste Pause ganz gut, bevor Sie ein Versprechen bezüglich der Zukunft der Partnerschaft geben: »Ich verspreche dir, dass das in Zukunft nicht mehr passiert. Ich werde viel mehr Rücksicht auf dich nehmen.«

Abschließend formulieren Sie die Wünsche Ihrer Partnerin ganz eindeutig als die Ihrigen, sonst nimmt Ihre Partnerin an, dass Sie die Änderungen in Zukunft nur ihr zuliebe durchführen. Die Frau wünscht sich aber, dass ihre Wünsche nicht nur ihre eigenen Wünsche und Bedürfnisse sind, sondern im besten Fall die Wünsche und Bedürfnisse von beiden Partnern. Frauen lieben es, wenn »Einklang« besteht, wenn beide Partner sehr ähnlich fühlen und wünschen. Deshalb pflegen und genießen Frauen auch diese nahezu symbiotische Beziehung zu ihren besten Freundinnen (siehe »Pärchenabendessen«, Seite 75 ff.). Das ist für viele Frauen das angestrebte Ziel einer gelungenen Partnerschaft. Sagt der Mann: »Ich mache das dir zuliebe«, ist es für die Frau tatsächlich nicht einmal halb so schön, als würde er sagen: »Ich empfinde genauso wie du, ich will das auch genauso wie du, lass es uns gemeinsam tun.«

In unserem Beispiel könnten Sie also so etwas sagen wie: »Ich wünsche mir auch, wir würden mehr Zeit miteinander verbringen. Ich habe in letzter Zeit zu wenig darauf geachtet, es tut mir leid.« Es kann nicht schaden, wenn Sie sich hier nochmals entschuldigen. Dann trauen Sie sich wieder ein wenig nach oben, schauen Ihrer Partnerin wieder in die Augen, fassen zärtlich, aber nicht unsicher ihre Hände und sagen: »Ich liebe dich.« – PAUSE! – Warten Sie ab, was passiert.

Wenn Sie eine Ohrfeige bekommen (was meiner Erfahrung nach in den wenigsten Fällen geschieht), dann haben Sie den Ablauf vermutlich in ironischer Form vorgebracht, schlimmstenfalls vielleicht sogar dabei gekichert, und die Frau glaubt Ihnen nicht. Dann kann ich Ihnen auch nicht mehr helfen, Sie sind wahrscheinlich wirklich ein hoffnungsloser Fall. Am besten verlassen Sie das Land und siedeln irgendwo in der Öde ein.

In den allermeisten Fällen aber wird die Frau Ihre aufrichtige Entschuldigung unter Vorbehalt annehmen und mit einem leichten Lächeln signalisieren, dass Sie auf dem richtigen Weg sind. Wenn Sie ihr später noch unaufgefordert ein oder zwei kleinere Geschenke machen, haben Sie die besten Chancen, in Zukunft weiter glücklich miteinander zu sein. Ganz wichtig: Notieren Sie Ihr Versprechen noch einmal schriftlich für sich, und schauen Sie jeden Tag auf Ihren »Beziehungszielezettel«, damit Sie an der Einhaltung dieser Ziele arbeiten und nichts davon vergessen. Denn eines kann ich Ihnen versichern: Ihre Partnerin wird sich an alle Versprechen, alle Konfliktsituationen und alle Fehltritte Ihrerseits auf geradezu elefantistische Weise und ohne jeden Zettel erinnern.

Im folgenden Kasten »Die sieben goldenen Regeln, wenn die Frau ›irgendwie komisch‹ ist, oder: So verhält sich der Mann richtig« finden Sie die wichtigsten Aspekte des Reklamationsmanagements mit Paarbindung noch einmal zusammengefasst im Überblick.

Die sieben goldenen Regeln, wenn die Frau »irgendwie komisch« ist, oder: So verhält sich der Mann richtig

1. Gehen Sie in die Defensive, und bleiben Sie gefälligst da!
2. Bestätigen Sie alles, was Ihnen vorgeworfen wird.
3. Entschuldigen Sie sich.
4. Versprechen Sie aufrichtig, dass es in Zukunft besser wird.
5. Die Wünsche Ihrer geliebten Partnerin sind nun auch Ihre Wünsche.
6. Schreiben Sie die wichtigsten Dinge auf den Beziehungszielezettel.
7. Halten Sie Ihre Versprechen.

Emotionale Tiefenfühlung

Wenn die Frau Ihnen nicht klar sagt, was Sache ist, wenn sie eigentlich so ziemlich gar nichts sagt, sondern mehr oder weniger stumm abweisend auf Sie reagiert und auf Nachfragen schnaubend den Kopf schüttelt, dann werden Sie kurzfristig weder erfahren, was los ist, noch was Sie falsch gemacht haben (und Sie haben etwas falsch gemacht, das kann ich Ihnen versichern!), noch was Sie in Zukunft ändern könnten. Ich weiß, wir Männer sind ziel- und ergebnisorientiert und möchten Probleme gerne schnell und effektiv beseitigen, aber das ist in diesem Fall nicht möglich. Wie gehen Sie also am besten vor?

Mein Tipp: Beherzigen Sie auch hier die oben genannten Punkte eins bis sieben des Reklamationsmanagements mit Paarbindung. Sie müssen allerdings damit rechnen, dass es nun ziemlich lange dauern kann, bis Sie vom ersten Punkt zum nächsten kommen. Die Zeitspanne lässt sich durch nichts verkürzen, was hier verallgemeinernd empfohlen werden könnte. Halten Sie sich geduckt in der Defensive, und warten Sie ab, wie es weitergeht.

Wenn es gar nicht weitergeht und die Zeit in der untätigen Defensive für Sie zu lang wird, dann räumen Sie die Wohnung auf, putzen Sie die Fenster, saugen Sie Staub, streichen Sie die Tapete nach, legen Sie neue Fliesen im Badezimmer, bauen Sie ein neues und viel größeres Haus mit Ankleidezimmern, überraschen Sie Ihre Partnerin mit stillen Kleinigkeiten, und warten Sie wieder ab, ob sich am Verhalten Ihrer Partnerin etwas ändert.

Sollte sich etwas ändern, etwa dahingehend, dass sie sich mal seufzend hinsetzt und nicht direkt wieder aufsteht, wenn Sie sich neben sie setzen, dann ist das ein gutes Zeichen. Achten Sie jeweils möglichst sensibel darauf, an welcher Stelle Sie zum Reklamationsmanagement mit Partnerbindung überleiten können, um dann die goldenen Regeln zwei bis sieben abzuarbeiten. Das sollte Ihr oberstes Ziel bei der hier beschriebenen emotionalen Tiefenfühlung sein: den Zeitpunkt zu erwischen, wo Sie erfahren, was genau falsch gelaufen ist, um sich dann zu entschuldigen etc.

Ist Ihre Partnerin aber schwerer gekränkt als bisher angenommen, und ahnen Sie möglicherweise, was Sie falsch gemacht haben, und hat Ihr Fehler zu so einer starken Belastung geführt, dass die Partnerschaft auf dem Spiel steht, dann habe ich hier noch einen allerletzten »Nottipp« für Sie, der aber so derartig als letzte Option zu sehen ist, dass Sie ihn wahrscheinlich auch nur ein einziges Mal benutzen können.

Sollten Sie vorher schon schlau gewesen sein und einen »Wunschzettel« mit den geheimen Wünschen Ihrer Partnerin angelegt haben (falls Sie dies bisher noch nicht getan haben, so beginnen Sie jetzt sofort, augenblicklich damit! Unterbrechen Sie an dieser Stelle die Lektüre dieses Buches, schreiben Sie mindestens drei Wünsche Ihrer Partnerin auf und kehren erst dann wieder an diese Stelle im Buch zurück), dann arbeiten Sie still und heimlich die Wunschliste nacheinander ab – und zwar angefangen beim teuersten (!) Wunsch. Machen Sie aber keine große Nummer daraus. Organisieren Sie ihren größten Wunsch, und erfüllen Sie ihn ihr schuldbewusst so, dass sie die Erfüllung ihres größten Wunsches als Geste Ihrer Demut wahrnimmt. Dann warten Sie erneut ab, was geschieht. Sollte sich das Verhalten der Frau Ihnen gegenüber weiterhin nicht ändern, arbeiten Sie den Rest der Liste ab. Selbstverständlich müssen Sie sich als Mann dabei immer die Frage stellen, ob der emotionale und partnerschaftliche Wert höher ist als die Summe der Ausgaben für die erfüllten Wünsche. Sie sollten sich also schon überlegen, ob Ihnen diese Frau den ganzen Zirkus wirklich wert ist.

> **Insiderinfo für Frauen**
>
> Ich weiß, meine Damen, viele von Ihnen werden an dieser Stelle entsetzt innehalten und sich fragen, ob Männer wirklich so denken. Nun, wenn Sie Ihren Partner fragen, ob er so denkt, wird er es abstreiten. Kein Mann, der mit Ihnen in irgendeiner Weise in persönlicher Beziehung steht, wird Ihnen darüber ehrliche Auskunft geben. Da das bei mir aber anders ist und ich in diesem Buch durch Druckerschwärze zu Ihnen spreche, kann ich ganz offen und ehrlich sagen: »Ja, so denken Männer, und sie meinen es keineswegs abwertend.«

Die Gefahr, meine Herren, bei der beschriebenen Vorgehensweise, und darauf will ich ehrlicherweise auch eingehen, besteht darin, dass die Frau, wenn sie einmal gemerkt hat, was sie alles mit stummer Ablehnung erreichen kann, diese Methode später bewusst einsetzen könnte, um ihren »Wunscherfüllungsautomaten« in Betrieb zu setzen. Wenden Sie diese Methode also bitte nur in allerhöchster partnerschaftlicher Not und bestenfalls ein einziges Mal an, sonst finden Sie sich irgendwann in einer »Wunschlistenerfüllungseskalation« wieder, die ihr Ziel (eine Rückführung zu guter Partnerschaft) verfehlt hat.

In den allermeisten Fällen aber wird in einer nicht unrettbaren Partnerschaft bereits nach den ersten ein, zwei demütigen Wunscherfüllungen eine Änderung im Verhalten der Frau zu erkennen sein. Sobald Sie diese leichte Milde bei ihr spüren, gehen Sie über zu Punkt zwei der sieben goldenen Regeln.

Wenn zwei sich verstehen, entsteht oft ein Dritter

Peter kommt von der Arbeit nach Hause, wo Claudia bereits auf ihn wartet. Sie hat die Wohnung aufgeräumt und sein Lieblingsessen vorbereitet. Sie begrüßt ihn mit einem leidenschaftlichen Kuss, nimmt ihm den Mantel ab und reicht ihm eine eiskalte, frisch geöffnete Flasche Bier.

Es ist eindeutig zu erkennen, wie gekonnt Claudia hier den Dreischritt Bier-Handzeichen-Thema startet, indem sie Peter als Erstes ein kaltes und bereits geöffnetes Bier reicht.

Peter bemerkt, dass Claudia heute auf positive Weise »anders« ist, nimmt sie sanft in den Arm und sieht ihr tief in die Augen, bevor er leise zu ihr sagt: »Wow, du bist umwerfend. Hier sieht es ja toll aus, und ich kann das Abendessen schon riechen, hm. Es gibt sicher etwas, worüber du mit mir reden möchtest. Was könnte es sein?«

Auch Peter gibt sich Mühe und erwähnt die besonderen Umstände, die Claudia für ihn vorbereitet hat, so zeigt er ihr seinen Respekt und öffnet sich für ihre Bedürfnisse, prima. Zusätzlich leitet er sensibel über zu dem, was ihm noch fehlt, um sich der Situation voll gewachsen zu fühlen: Er fragt sanft nach dem Thema des von Claudia gewünschten Gesprächs.

Claudia löst sich aus Peters Umarmung, lächelt ihn verführerisch an, hebt den rechten Arm und sagt mit klarer Stimme: »*Du hast recht, ich habe dies alles für dich vorbereitet, weil ich dich liebe und etwas Wichtiges mit dir besprechen möchte.*«

Sehr schön leitet Claudia hier die Ankündigung zur ziel- und themenorientierten Konversation ein, indem sie aufzeigt und zusätzlich deutlich verbal ankündigt, dass etwas Wichtiges zu besprechen ist. Obwohl Peter, inzwischen ein recht guter Frauenversteher, schon vorher bemerkt hat, dass Claudia mit ihm reden möchte, ist es gut, dass Claudia genau dies noch einmal mit eigenen Worten bestätigt, so schafft sie Vertrauen und Sicherheit.

»*Es geht um Familienplanung im Allgemeinen und später dann im konkreten Fall um dich und mich und unsere jeweiligen Wünsche unsere gemeinsame Zukunft betreffend.*«

Wunderbar klar und eindeutig formuliert Claudia hier das Thema, das besprochen werden soll. Peter weiß jetzt sehr genau, was auf ihn zukommt und worum es gleich geht.

»*Da es ein komplexes Thema ist*«*, fährt Claudia fort,* »*welches Rücksicht und Verständnis auf beiderlei Seiten erfordert, möchte ich zunächst in Ruhe mit dir essen und über allgemeine Belanglosigkeiten plaudern, ich freue mich natürlich über weitere Komplimente.*«

Klasse macht Claudia das. Sie gibt Peter noch ein wenig Zeit, um sich mental auf das nicht ganz einfache Thema einzustellen, gleichzeitig gibt sie ihm die Gelegenheit, sich als Kavalier zu präsentieren, sehr gut!

»*Nach dem Essen möchte ich das eingangs erwähnte Thema Familienplanung wie beschrieben mit dir besprechen.*« *Peter schmunzelt, legt leicht den Kopf auf die Seite, nickt zustimmend. Dann nimmt er Claudia abermals in den Arm und küsst sie. Er hat sie verstanden.*

Claudia hat hier alle wichtigen Aspekte einer gekonnten Gesprächseröffnung gegenüber einem Mann hervorragend umgesetzt. Ich bin mir ziemlich sicher, dass die beiden ein tolles Gespräch führen werden, in dem sie sich prima verstehen.

> **Praxistipp für Frauen und Männer**
>
> Sie können den Dialog zwischen Claudia und Peter als Mustervorlage für Ihre eigenen partnerschaftlichen Gesprächseröffnungen nehmen, wenn Sie sich im Umgang damit noch unsicher fühlen. Später dann können Sie immer weiter variieren und Änderungen vornehmen, ganz wie es in Ihrer Partnerschaft am besten funktioniert.

Die Liebe und ihre Folgen

In den vorangegangenen Kapiteln haben wir anhand zahlreicher Beispiele sehen können, wie unterschiedlich Mann und Frau sind und wie schwierig es mitunter sein kann, für grundsätzliches Verständnis untereinander zu sorgen. Warum, so könnte man sich fragen, geben die Menschen das Projekt zwischengeschlechtlicher Zweisamkeit dann eigentlich nicht auf? Wenn Mann und Frau so unterschiedlich sind und die Kommunikation innerhalb der jeweiligen Geschlechtergruppen ohnehin viel besser klappt, wäre es dann nicht für alle einfacher und besser, wenn die Frauen unter sich blieben und die Männer ebenfalls? Gäbe es dann nicht wesentlich weniger Probleme und mehr Verständnis? Woran liegt es, dass seit Anbeginn der Menschheit Mann und Frau die Finger nicht voneinander lassen können?

Es ist natürlich die Liebe.

Die Liebe zwischen Mann und Frau ist ein interessantes Phänomen. Rätselhaft und oft unerklärlich schießt Amor seine Pfeile unter die Menschen, und nicht selten erwischt es sie völlig unvorbereitet. Aber macht nicht genau dies mitunter auch den Reiz der Liebe aus? Die Liebe bringt Mann und Frau trotz (oder gerade wegen?) aller Unterschiede zueinander und hält sie auch (hoffentlich) beieinander. Es gibt Paare, die sind so sehr ineinander verliebt, die haben (anfangs) sogar den Eindruck, sie würden sich auch verstehen.

Diejenigen unter Ihnen, die an dieser Stelle schmunzeln müssen, sind natürlich die in Liebesdingen Erfahrenen, denn Sie wissen bereits, dass dieser Eindruck täuscht. Vom Nebel einer neu erwachten Liebe umgeben sieht man in der Anfangszeit einer Beziehung weniger die Unterschiede als die Gemeinsamkeiten. Wobei ich an dieser Stelle feststellen möchte, dass das komplette Verstehen, auch das Frauenverstehen, für Liebe nicht unbedingt zwingend notwendige Voraussetzung sein muss. Es gibt viele Männer, die ganz offen sagen: »Ich verstehe diese Frau nicht! Aber ich liebe sie.« Liebe kann auch ohne das große Verständnis funktionieren. Allerdings sollte Sie dies, meine sehr verehrten Leserinnen und Leser, nicht davon abhalten, nach gegenseitigem Verständnis zu streben. Je mehr Sie vom anderen verstehen, umso höher ist die Wahrscheinlichkeit, dass die Liebe noch besser funktioniert und länger Bestand hat, so viel ist sicher. Verständnis kann nicht schaden, Unverständnis schon.

Kinder sind etwas Wunderbares, oder?
Wenn die Liebe zwischen Mann und Frau groß ist und das Verständnis halbwegs gegeben, dann kann es mitunter dazu kommen, dass sich die beiden sogar vermehren. Sie bekommen Kinder, gründen eine Familie und geben ihr Erbgut weiter, was ganz wunderbar ist. Es gibt natürlich Ausnahmen, was die Wunderbarkeit der Weitergabe beziehungsweise Vermengung elterlichen Erbgutes angeht. Bei einigen unserer Zeitgenossen fragt man sich wirklich, ob das Ergebnis so von den Eltern intendiert oder von der Gesellschaft gewollt war. Aber bleiben wir positiv und begrüßen die menschliche Fortpflanzung als grundsätzlich erstrebenswert. Denn in vie-

len westlichen Industrienationen hapert es daran. Besonders in Deutschland vermehren sich die Staatsbürger kaum noch. Einige Statistiken munkeln, dass die Deutschen in nicht allzu ferner Zeit vom Aussterben bedroht sein werden.[39] Das bringt schon jetzt viele Probleme mit sich, die aber nicht Thema dieses Buches sein sollen.

Da ich nicht weiß, ob Sie eigene Kinder haben oder in Zukunft haben werden, kann ich bezüglich Ihrer Einstellung zu Kindern lediglich Vermutungen anstellen. Dabei gehe ich von meinen Erfahrungen mit meinem Publikum aus. Bei meinen Liveauftritten stelle ich gerne die Frage: »Die Eltern, die im Publikum sitzen, werden mir doch sicher zustimmen, wenn ich sage: Kinder sind etwas ganz Wunderbares, oder?« Interessanterweise hält sich die Zustimmung oftmals eher in Grenzen. Ich hatte vor gar nicht langer Zeit sogar einen Fall, wo ein junger Vater aus der ersten Reihe des Publikums nach dieser Frage für alle im Saal deutlich vernehmbar sagte: »Meine kannst du haben!« Natürlich gibt es auch immer Zuschauer, die (noch) keine Kinder und diesbezüglich auch keine Meinung aus eigener Erfahrung haben, sie reagieren aus der Distanz. Aber es ist schon interessant, dass diejenigen, die bereits Kinder haben, nicht immer zustimmend reagieren. Warum ist das so?

Die Erfahrung mit eigenen Kindern lehrt die Eltern in fast allen Fällen etwas ganz anderes, als sie es sich vorher ausgedacht haben. Vieles ist nicht so, wie die frischgebackenen Eltern sich das erhofft haben, einiges ist so neu und ungewohnt, dass sich die anfängliche Begeisterung sehr schnell in Ernüchterung wandelt.

Damit es Ihnen nicht so geht, damit Sie Kinder in ihrer ganzen Großartigkeit und Wunderbarkeit genießen können, wer-

---

39 Aktuell leben in Deutschland rund 82 Millionen Menschen. Laut der 12. koordinierten Bevölkerungsvorausberechnung des Statistischen Bundesamtes werden es 2060 nur noch 65 bis 70 Millionen sein. Vgl. Statistisches Bundesamt: Pressemitteilung Nr. 335. 18. November 2009.

den wir uns die Sache mit dem Nachwuchs hier einmal etwas genauer ansehen. Sollten Sie bereits Kinder haben, werden Sie sich beim Folgenden vielleicht schmunzelnd an die erste Zeit zurückerinnern.

Die Eltern, die dies lesen, werden mir sicher zustimmen, wenn ich sage: Ein Kind sollte bestenfalls immer das Produkt einer bewussten Entscheidung beider Elternteile sein. Ich denke, es ist weiterhin die beste Ausgangslage für ein Leben zu dritt (oder zu viert, zu fünft etc.), wenn die beiden potenziellen Erzeuger sich erst einmal in aller Ruhe kennenlernen, eine Weile zusammenwohnen, sich auch im Alltag besser einzuschätzen wissen, die eine oder andere schwierige partnerschaftliche Situation gemeistert haben und sich dann irgendwann gemeinsam dazu entschließen, ein Kind zu zeugen.

Nicht falsch, aber oft mit größeren Schwierigkeiten verbunden ist es, wenn sich die beiden Erzeuger nur ganz flüchtig auf einer öffentlichen Festivität kennengelernt haben und noch in derselben Nacht in einem Akt alkoholumnebelter Erotik gänzlich unprotektioniert ihr Genmaterial bei fortschreitender Zellteilung miteinander vermengen. Denn ein Kind, ein neuer Erdenbürger, bringt eine ganze Menge Dinge mit sich, die das eigene, bisherige Leben doch extrem stark verändern. Vielen sind die umfangreichen Konsequenzen in all ihrer Großartigkeit (im Positiven wie im Negativen) vorher nicht bewusst. Daher wollen wir hier Abhilfe schaffen, damit Sie sich das in aller Ruhe überlegen können, falls Sie noch keine Kinder haben. Oder, falls Sie bereits Eltern sind, sich Gedanken darüber machen können, was Sie unbedingt mit Ihren eigenen Kindern besprechen sollten.

Der neugeborene Mensch – Pflegestufe III
Fangen wir direkt mit dem Zeitpunkt kurz nach der Geburt an und betrachten das neugeborene Wesen Mensch zunächst einmal ganz vorurteilsfrei und schauen uns die Fakten an.

Das Säugetier Mensch kommt in Relation zu anderen Säugetieren gesehen sehr unfertig auf die Welt. Es kann in den ersten Wochen und Monaten nach der Geburt nur sehr wenig, wirklich sehr wenig. Es beherrscht noch nicht einmal die einfachsten, alltäglichsten Dinge des menschlichen Daseins. Verstehen Sie mich nicht falsch, ich schreibe das nicht wertend, ich finde Kinder toll, ich finde Kinder so toll, ich habe sogar selbst zwei und bin ganz begeistert. Aber bleiben wir bei den frühkindlichen Fakten, und werfen wir einen Blick auf die Dinge, die so ein neugeborener Mensch nicht beherrscht.

Fangen wir mit den einfachsten, untersten menschlichen Fähigkeiten an: Das Neugeborene kann nicht laufen, ja, es kann sich nicht einmal überhaupt irgendwie selbstständig fortbewegen. Es kann nicht sprechen, nicht einmal einfachste Idiome oder Redewendungen zur Artikulation der eigenen Bedürfnisse sind vorhanden. Lediglich unterschiedliche Arten des Schreiens werden bei körpereigenem Unbehagen ausprobiert, um die Reaktionen der Umwelt darauf zu testen. Es versteht keinerlei menschliche Sprache, sondern vernimmt nur akustische Lautmalereien, ohne deren Inhalt erfassen zu können. Wie ein Außerirdischer auf einem fremden Planeten hört es neuartige Frequenzen, deren Sinn ihm verschlossen bleiben. Es kann nicht allein essen. Es kann nicht einmal allein zur Toilette gehen, geschweige denn die körpereigene Pflege und Hygiene eigenverantwortlich regeln.

Es handelt sich hierbei um die absolut grundlegendsten Fähigkeiten des menschlichen Lebens, die nicht beherrscht werden. Es gibt Menschen, die nicht mehr in der Lage sind, diese Dinge selbst zu erledigen, diese Menschen sind dann »Pflegefälle«, sie sind pflegebedürftig. Pflegebedürftig sind in Deutschland nach § 14 SGB XI Personen, »die bei den gewöhnlichen und regelmäßig wiederkehrenden Verrichtungen im Ablauf des täglichen Lebens auf Dauer, voraussichtlich für mindestens sechs Monate, in erheblichem oder höherem Maße der Hilfe bedürfen«.[40] Je nach Umfang des Hilfebedarfs

---

40 Vgl. Das gesamte Sozialgesetzbuch SGB I bis SGB XII. Ausgabe 2011/I. Regensburg: Walhalla Verlag 2011. S. 1217 f.

werden die Pflegebedürftigen in unterschiedliche Pflegestufen eingeordnet (§ 15 SGB XI). Bei den oben beschriebenen Defiziten eines Neugeborenen sollte die Einstufung in die derzeit höchstmögliche Pflegestufe III oder höher passend erscheinen, wenn man sich die Kriterien dafür anschaut: Pflegestufe III (schwerste Pflegebedürftigkeit) bedeutet, dass der durchschnittliche Hilfebedarf mindestens dreihundert Minuten pro Tag beträgt. Der Anteil an der Grundpflege muss mehr als zweihundertvierzig Minuten täglich betragen, und es muss auch nachts (zwischen zweiundzwanzig und sechs Uhr) regelmäßig Grundpflege anfallen.[41] Da Eltern ganz selbstverständlich mit der umfassenden Vollbetreuung ihrer Brut rund um die Uhr beauftragt sind, können wir beim Pflegefall Baby von deutlich mehr als nur lächerlichen dreihundert Minuten Pflegebedarf pro Tag sprechen, die nicht entlohnt werden (von wem auch?), im Gegenteil kosten Kinder ihre Eltern sogar eine ganze Menge Geld.

Bevor Sie sich also dazu entschließen, die Welt mit einem neuen Bewohner zu beglücken, sollten Sie sich dieser Tatsache bewusst sein. Ich stelle junge Leute, die noch keine Eltern sind, gerne in folgende hypothetische Situation: »Du bist so Anfang zwanzig? Schön, dann stell dir doch jetzt einfach mal die Frage: Was fehlt in deinem Leben?« Kommen Sie nach gründlicher Überlegung zu dem Ergebnis: Ja, ich hätte zu Hause sehr gerne einen Pflegefall mit höchstmöglicher Pflegestufe, um den ich mich persönlich bis zu vierundzwanzig Stunden am Stück zu kümmern habe. Ja, ich bin Anfang zwanzig, aber auf Partys gehen, Freunde treffen, Urlaub machen oder mal ins Kino, das ist alles nicht so mein Ding, ich bleibe lieber zu Hause und möchte gerne mindestens sechs Monate unentgeltlich in der Vollpflege tätig sein! Das ist genau das, wovon ich schon lange geträumt habe. Aber wo bekomme ich nur so schnell einen solchen Pflegefall her, um den ich mich kümmern darf? Mama und Papa sind noch nicht so weit, und nachhelfen will

---

41 Vgl. ebd. S. 1218 f.

man da ja auch nicht. Was soll ich nur machen? Ich möchte so gerne meinen eigenen privaten Pflegefall mit Pflegestufe III+ betreuen. Ich zahle auch dafür! Selbstverständlich zahle ich aus eigener Tasche für alle notwendigen Pflegeartikel, Nahrung und was sonst noch so anfällt.

Nun, wenn Sie Anfang zwanzig sind, noch keine Kinder haben und diese doch relativ humanistische Grundeinstellung besitzen, dann würde ich sagen, dass Sie schon über ganz hervorragende Grundvoraussetzungen verfügen, um eigene Kinder zu bekommen. Es gibt aber noch einen weiteren Aspekt, den Sie berücksichtigen sollten, bevor Sie sich dazu entschließen, Eltern zu werden.

Die nachwachsenden Kosten
Kinder kosten Geld. Natürlich nicht in der Anschaffung selbst, die ist gratis. Das genau ist ja der Trick der Natur. Die körperlichen Tätigkeiten, die für eine erfolgreiche Fortpflanzung vollzogen werden, empfinden die meisten von uns als überaus angenehm, und sie sind (in den meisten Fällen) völlig kostenfrei, zumindest unentgeltlich, zu bekommen, wenn man sich in einer intakten Partnerschaft befindet. Das neue Leben, welches aus dieser Tätigkeit entstehen kann, bekommen Sie zunächst gratis geliefert, sogar ohne Versandkosten.

Was allerdings nicht mehr gratis ist, das sind die Folgekosten der Erstlieferung. Wobei die ersten Anschaffungen, wie etwa die Kinderzimmereinrichtung und die Grundausstattung, eigentlich noch der kleinste Teil der finanziellen Geschichte sind. Was richtig ins Geld geht, das sind die täglichen Kleinigkeiten, die anfangs gar nicht so ins Gewicht zu fallen scheinen. Babys brauchen ständig neue Kleidungsstücke, weil sie völlig unkontrolliert wachsen und einiges schon nach wenigen Wochen nicht mehr zu gebrauchen ist. Fahrtendienste zu Kindergarten, Hort oder später Schule, Sportverein, Musikausbildung oder außernachbarschaftlichen Freundesverabredungen werden von den wenigsten in ihrem Haushaltsbudget berücksichtigt. Damit ist aber noch lange nicht Schluss.

Weitere Kosten, die Ihre Kinder verursachen, seien hier in aller Kürze aufgeführt. Kinder benötigen Nahrung, in den ersten Jahren erhalten sie sogar speziell hergestellte Babykost, Sie können also nicht einfach mehr von Ihrer Nahrung einkaufen. Diese spezielle Babynahrung ist so teuer und Sie benötigen regelmäßig so viel davon, dass von den Ausgaben der sorgenden Eltern eine ganze Industrie leben kann.

Der Nachwuchs benötigt darüber hinaus Körperpflege. Ich rede hier einerseits von den großen Mengen an Windeln, andererseits von Cremes, Lotionen, Seifen und weiteren Toilettenartikeln. Auch dort erzählen uns Hebammen, Ärzte und die Werbung, dass wir Kinder in den ersten Lebensmonaten nicht einfach mit Kernseife und einem Bimsstein reinigen sollten. Sie brauchen schon etwas differenziertere Pflegeartikel.

Wofür geben Sie als stolze Kinderbesitzer sonst noch Geld aus, das kinderlose Paare sparen, anlegen oder für Luxusartikel ausgeben können? Spielzeug? Wohnraum? Freizeitgestaltung? Bildung? Die Liste ließe sich fleißig erweitern und ist von Kind zu Kind sehr unterschiedlich. Mitunter hört man sogar davon, dass einige Eltern ihren Kindern die berufliche Ausbildung finanzieren, sie zum Musikunterricht anmelden oder, finanziell kaum vorstellbar, noch nach dem Studium punktuell finanziell bezuschussen. Aber das sind sicher überreiche und aufopferungsvoll selbstlose Eltern, die für die Statistik irrelevant sind.

Ferien mit Kind

Kinder wollen in den ersten Jahren mit Ihnen zusammen in den Urlaub, die können Sie nicht einfach so allein zu Hause lassen, das ist sogar verboten. Wenn Ihre Kinder schulpflichtig sind, können Sie von jetzt auf gleich nur noch in der Hauptferiensaison in den Urlaub fahren. Finanziell gesehen ist das wirklich bemerkenswert. In der Hauptsaison liegen die Preise für Pauschalreisen (die lassen sich so prima vergleichen) bis zu hundert Prozent höher als außerhalb der Saison, Sie zahlen für den Urlaub mit Schulkindern also mitunter nicht nur das

Doppelte, nein, Sie müssen ja auch das Kind (oder mehrere!) noch mitnehmen, und auch das Kind reist in der Hauptsaison doppelt teuer. Somit zahlen Sie für sich selbst den doppelten Preis, für Ihren Partner ebenfalls und für das Kind auch.

Sobald das Kind älter als zwei Jahre ist, und das ist bei Schulkindern komischerweise irgendwie fast immer so, zahlen Sie für das Kind mitunter bis zu fünfundsiebzig Prozent des Erwachsenenpreises. Beim Urlaub mit Schulkindern werden Sie dreifach abgestraft: 1. weil Sie nur noch in der Hauptferiensaison zu den teuersten Preisen reisen dürfen; 2. weil Sie außer für sich auch die Reisekosten für Ihre Kinder übernehmen müssen; und 3. weil Sie für Ihre Kinder ebenfalls die erhöhten Preise zu entrichten haben. Das ist bei all den anderen Kosten, die noch auf Sie zukommen werden, nur ein kleiner, aber erwähnenswerter Faktor.

Der Reisepreis für ein Paar mit Kind erhöht sich in der Hauptsaison also locker auf dreihundert Prozent dessen, was ein Paar ohne Kind in der Nachsaison zahlt. Man könnte an dieser Stelle natürlich anmerken, dass niemand Familien mit Kindern dazu zwingt, Urlaub zu machen. Das ist sicher richtig, ich gebe dieses kleine, vereinfachte Rechenexempel lediglich jungen Leuten an die Hand, die noch keine Kinder haben, damit sie sich der finanziellen Tatsachen bewusst sind, bevor ein Kind da ist.

Falls Sie ohnehin nicht gern in den Urlaub fahren und lieber ganzjährig für Ihre Firma und im Haushalt arbeiten, dann betrifft Sie die Urlaubsthematik kaum. Aber suchen Sie vielleicht einmal im Jahr ganz gerne für ungefähr vierzehn Tage Abstand, Ruhe und Kontemplation, dann sollten Sie dies doch bedenken.

Ich möchte noch kurz anschließen, dass sich nicht nur die finanziellen Aspekte des Urlaubs komplett wandeln, auch die Art des Urlaubs selbst wandelt sich mit Kindern extrem. Ich erwähnte Ruhe und Kontemplation. Wenn Sie diese Dinge im Urlaub suchen, dann seien Sie gewarnt: Mit Kindern sind sie kaum oder nur überaus eingeschränkt möglich. Für gewöhnlich setzt sich Ihre gewohnte Aufsichtspflicht im Urlaub nur mit anderen Temperaturen oder anderer Umgebungslandschaft fort. Sie werden kaum Ruhe finden, Sie werden das Ziel und den Ablauf des Urlaubs überwiegend auf die Bedürfnisse Ihrer Kinder altersgerecht abstimmen. Verwegene Trekkingtouren durch den nepalesischen Himalaja, Mountainbiketouren mit Zelt und Rucksack auf den Kapverden, Whisky Tastings in den schottischen Highlands, das alles wird Ihrem U5-Nachwuchs nicht besonders gefallen, glauben Sie mir. Das bitte ich zu bedenken, bevor Sie sich für ein Kind entscheiden, denn ganz wichtig: Kinder sind vom Umtausch und der Rückgabe ausgeschlossen.

Bevor Sie sich zu der Entscheidung durchringen, ein eigenes Kind zu zeugen, sollten Sie sich also fragen: »Kann ich den finanziellen Aufwand durch meiner eigenen Hände Arbeit leisten?« Dabei interessiert uns natürlich die Frage: Was kostet es eigentlich heutzutage, bei uns in Deutschland ein Kind großzuziehen?

Die Statistik spricht

Ich habe neben eigenen Recherchen und Rechenexempeln auch eine Anfrage an das Statistische Bundesamt in Wiesbaden gerichtet. Daraufhin wurden mir verschiedene Materialien und Quellen zur Verfügung gestellt, die auf Nachfrage für jedermann öffentlich zugänglich sind. Diese Quellen zeichnen sehr unterschiedliche Berechnungen auf. In einer Pressemitteilung des Statistischen Bundesamtes aus dem Jahr 2006 erfahren wir in der Überschrift: »Ausgaben für Kinder 2003: 550 Euro monatlich«. Liest man sich diese Pressemitteilung dann genauer durch, erfährt man, dass in diesen 550 Euro einige Faktoren und Kosten fehlen: »Zum einen fehlen in den Konsumausgaben alle über den Konsum hinaus anfallenden Aufwendungen zum Beispiel für Versicherungsschutz und Vorsorge, die seit 1998 überproportional angestiegen sind.« Zum anderen geben die Statistiker Folgendes zu bedenken: »Mit steigendem Lebensalter der Kinder wächst dagegen die Höhe der für sie aufgewendeten Konsumausgaben. Das liegt unter anderem am höheren Verbrauch an Nahrungsmitteln und anspruchsvolleren Bekleidungswünschen.«[42] So ist das heutzutage, wir leben eben nicht mehr in den Siebzigerjahren, als man den Sohn noch dazu zwingen konnte, die gestopften und kratzigen Wollstrumpfhosen der vor ihm geborenen Schwester aufzutragen. Die Kids von heute wollen eigene Klamotten! Für die zwölf- bis achtzehnjährigen Kinder steigen die reinen Konsumausgaben daher auf 655 Euro monatlich im Jahre 2003. Leider konnte mir das Statistische Bundesamt keine aktuelleren Zahlen vorlegen als die von 2003, daher müssen wir eine inflationsbereinigte Rechnung selbst vornehmen. Im Jahre 2003 gaben nach dieser Quelle Eltern also für ein Kind zwischen 550 und 655 Euro monatlich aus. Das sind für die kindlichen Lebensjahre null bis zwölf 79.200 Euro und für die Jahre dreizehn bis zwanzig kommen noch einmal 62.880 Euro hinzu. Zusammen ergibt das 142.080 Euro plus Inflationsangleichung, die nur für Konsumaufwendungen eines Kindes zu erbringen sind.

In der Studie »Zeit für Kinder«, die das Statistische Bundesamt 2002 für den Deutschen Arbeitskreis für Familienhilfe erstellt hat, kommen die Statistiker zu anderen Ergebnissen. Dort werden die reinen Konsumausgaben im Jahr 1998 schon auf 640 Euro für jedes Kind pro Monat beziffert. Legt man die historischen Inflationsraten zugrunde, entspricht dies einem heutigen Wert von circa 760 Euro pro Monat.[43] Das wären über zwanzig Jahre dann schon 182.400 Euro. In dem Bericht heißt es weiter: »Insgesamt betrug der Wert der bezahlten und unbezahlten Leistungen für Kinder 1998 damit rund 369 Mrd. Euro, d.h. pro Kind (beziehungsweise Jugendlichem) 1980 Euro monatlich.«[44] Nehmen wir diesen Wert von 1980

---

42 Vgl. Statistisches Bundesamt: Pressemitteilung Nr. 314. 1. August 2006.
43 Basierend auf der Inflation der Jahre 1998 bis 2009; berechnet mit www.zinsen-berechnen.de/inflationsrechner.php
44 Vgl. Statistisches Bundesamt: Pressemitteilung vom 30. Mai 2003 (»Zeit für Kinder«).

Euro pro Kind pro Monat mal zwölf, kommen wir auf 23.760 Euro im Jahr beziehungsweise 475.200 Euro für zwanzig Jahre finanzielle elterliche Wertschätzung (plus Inflationsangleichung).

Wie können wir mit solchen Daten umgehen? Können wir daraus ein Mindestens oder Höchstens errechnen? Die wenigsten Kinder sind heutzutage mit zwanzig Jahren schon so weit, dass sie komplett ohne elterliche Unterstützung ihr Leben bestreiten, aber ich denke, der Einfachheit halber sollte unsere Berechnung nur bis zum zwanzigsten Lebensjahr gehen. Sicher geben viele Eltern auch mehr für ihre Kinder aus als nur die reinen Konsumausgaben. Aber ob ein Kind inflationsbereinigt »nur« 183.000 Euro oder mehr als 500.000 Euro kostet, eines zeigen die Daten des Statistischen Bundesamtes uns doch deutlich: Billig ist das Großziehen von Kindern nicht.

Ich selbst komme mit groben Überschlagsrechnungen auf einen ungefähren, geglätteten finanziellen Rahmen von derzeit 200.000 Euro. Dabei sind das staatliche Kindergeld und die Steuerersparnis durch Kinder bereits mit verrechnet. 200.000 Euro müssen Sie selbst erwirtschaften und für Ihr Kind zur Verfügung stellen.

Wenn ich diese Zahl bei meinen Auftritten nenne, dann herrscht meist für einen kurzen Augenblick erschrockene Stille im Publikum. Besonders die Eltern im Saal werden sich plötzlich einer Tatsache bewusst, die sie bisher völlig unbeachtet gelassen haben. Diejenigen, die mehr als zwei Kinder haben, überschlagen blitzartig, dass sie ohne Kinder zu D-Mark-Zeiten Millionäre gewesen wären.

Bitte bedenken Sie zusätzlich, dass Ihre Kinder Ihnen dieses Geld aller Wahrscheinlichkeit nach nicht zurückzahlen werden. Ich jedenfalls habe bisher noch von keinem Fall gehört, in welchem der Sohnemann nach erfolgreich abgeschlossener Ausbildung (auch das ist nicht immer garantiert!) zu seinen Eltern marschiert, um zu verkünden: »Sehr geehrter Herr Vater, liebsorgende Mutter, ich möchte mich hiermit ganz offiziell und voller Demut für die mir entgegengebrachte Liebe,

Aufmerksamkeit und Fürsorge bedanken, die ihr mir in den vergangenen zwanzig Jahren (oder sogar fünfundzwanzig Jahren?) habt angedeihen lassen. Ich bin stolz und voller Dankbarkeit, euer Sohn sein zu dürfen. Ich verspüre die tiefe moralische Pflicht, den finanziellen Schaden, den ich durch meine Existenz in euer Leben gerissen habe, wiedergutzumachen, indem ich die 200.000 Euro in klar definierten Ratenzahlungen an euch zurücküberweisen werde.«

Wenn Sie einen solchen Fall aktenkundlich bezeugen können, geben Sie mir bitte umgehend Bescheid (schreiben Sie mir auf www.carsten-hoefer.de), daran bin ich wirklich interessiert.

Normalerweise sehen Eltern von den im Rahmen der Erziehung für den Nachwuchs veräußerten 200.000 Euro nichts wieder, das Geld ist weg, hinfort, futschikato. Das Geld wird demnach nicht investiert, es wird nicht verliehen, es wird nicht angelegt. Wissen Sie, wie Finanzexperten diese Art des Geldausgebens neudeutsch nennen? »Cashburn« – was so viel heißt wie: Sie könnten das Geld auch verbrennen. Finanzeffektiv käme es auf das Gleiche raus.

Luxus

An dieser Stelle wird deutlich, dass Kinder heutzutage bei uns in Deutschland aus rein finanzieller Sicht ein hochexklusiver Luxusartikel sind. Darum finde ich, sie sollten als Statussymbol ganz anders wertgeschätzt und respektiert werden.

Wer kann sich so etwas denn noch leisten? Mit Kindern können Sie richtig angeben. Aber bei Statussymbolen denken viele von uns immer noch an Autos. Wobei dicke Autos als Statussymbole meiner Meinung nach nicht mehr funktionieren, weil sie zu billig geworden sind. Fabrikneue Karossen kosten heutzutage ja kaum noch was. Einen großen Mercedes S-Klasse bekommen Sie schon für 120.000 Euro. Aus Sicht von Eltern handelt es sich dabei um einen lächerlich kleinen Betrag im Vergleich zu den 200.000 Euro, die sie für ein Kind ausgeben.

Um Ihnen den Unterschied zwischen einer Standardfamilie mit zwei Kindern und einem kinderlosen Ehepaar in finanzieller Hinsicht zu verdeutlichen, schauen wir uns die Sache mit den Statussymbolen etwas genauer an. Unsere Standardfamilie gibt für die beiden Kinder insgesamt 400.000 Euro aus. Dabei ist zu bedenken, dass es in der großen Mehrzahl der Fälle auch heutzutage immer noch die Frauen sind, die in ihrer beruflichen Karriere pausieren, ein paar Jahre aus dem Beruf sind, spärlicher in die eigene Altersvorsorge einzahlen und im Job nie wieder so richtig Vollgas geben können. Ein enormer finanzieller Kraftakt, wie ich finde. Respekt!

Auf der anderen Seite sehen wir ein kinderloses Ehepaar, welches von den gleichen steuerlichen Vorteilen profitiert, die Verheirateten nun mal zugesprochen werden. Allerdings sparen diese beiden von Anfang an 400.000 Euro, weil sie keine Kinder bekommen. Zusätzlich braucht weder der Mann noch die Frau Auszeit vom Job oder der Karriere zu nehmen. Beide können ganzjährig der von ihnen ausgeübten Vollzeitbeschäftigung nachgehen. Solche Leute nennt man im angelsächsischen Sprachraum »DINKs« (double income, no kids).

Das Geld dieser Dinks vervielfacht, ja potenziert sich gegenüber dem Geld von Paaren mit Kindern (Zinseszinseffekt). Denn einerseits können beide Vollzeit arbeiten, Karriere machen, beruflich richtig durchstarten und dementsprechend mehr Geld auf der Einnahmenseite verbuchen, andererseits haben sie auf der Ausgabenseite 400.000 Euro weniger. Dass solche Leute nicht Strafe zahlen müssen, oder? Das wäre doch ein schöner Beitrag zur immer aktuellen Diskussion um Familien, Nachwuchs und wie man die Deutschen wieder dazu animieren könnte, mehr Kinder zu bekommen. Mein Vorschlag: Nicht Familien mit Kindern mit ein paar Euro mehr »bezuschussen«, nein, laden wir die Dinks ganz verbindlich dazu ein, ihren Beitrag zur Generationensolidarität auf Augenhöhe zu leisten. Machen wir es doch so: Entweder sie bekommen mindestens ein Kind und ziehen es groß oder sie zahlen mindestens 200.000 Euro »Babyausfallprämie«. Ich glaube, dann würde es bei uns in Deutschland in den Schlafzimmern auch wieder ganz anders zur Sache gehen. Diese Idee ist sogar in mehrfacher Hinsicht für den Staat vorteilhaft, denn

1. mit Inkrafttreten eines solchen Gesetzes würde sicher ein neuer Babyboom einsetzen, die Renten wären mittelfristig wieder sicher und Deutschland wäre als einziges Industrieland mit wachsenden Bevölkerungszahlen wieder einmal Vorreiter.

2. der Staat erhielte von allen verbleibenden Dinks im Lande jeweils 200.000 Euro Babyausfallprämie. Eine großartige Einnahmequelle, an der sich der Staat finanziell gesundstoßen könnte.

Nun, ich mache keine Familienpolitik, das können andere sicher schlechter, finde die Idee aber sehr amüsant. Fakt indes bleibt, dass Eltern mit Kindern eine um mehrere Hunderttausend Euro größere finanzielle Leistung erbringen, um sich Kinder anzuschaffen. Daher können wir konstatieren, dass die Kinder als Statussymbol ganz anderes Ansehen genießen sollten als zum Beispiel ein Auto.

Sollten Sie, liebe Leserin, lieber Leser, bereits Kinder haben, dann seien Sie stolz darauf. Ja, zeigen Sie allen, was Sie sich leisten können. Sollten Dinks mit einem fetten S-Klasse-Mercedes bei Ihnen punkten wollen, dann lächeln Sie milde, zeigen auf Ihre kleine Teppichratte und sagen: »Netter Versuch mit dem Mercedes, aber guck mal, was hier über den Teppich krabbelt!« Mit Kindern spielen Sie aus finanzieller Sicht in einer ganz anderen Liga! Sie gehen ein ganz anderes Risiko ein. Denn wenn Sie plötzlich doch einmal Geld benötigen, dann können Sie einen Mercedes nach zwei oder drei Jahren für die Hälfte des Geldes wieder verkaufen, den Windelpiraten nicht! Diese Hypothek wird weiter bedient, da ist geldtechnisch kein Plus zu machen.

Sollten Sie, liebe Leserin, lieber Leser, noch keine Kinder haben, vielleicht sogar zur Gruppe der Dinks gehören, dann lassen Sie doch einmal Ihre Fantasie schweifen und stellen Sie sich vor, was Sie mit Ihrem Geld alles anstellen könnten. Sie könnten sich ein Haus kaufen, ein Boot, schöne Autos, tolle Urlaube in der Nebensaison machen und noch vieles mehr. Aber irgendwann werden Sie feststellen, dass Ihnen etwas fehlt. Sie werden bemerken, dass all Ihr Reichtum, all Ihre Häuser, Boote, Urlaube und Autos nicht ausreichen, um Paare mit Kindern zu beeindrucken. Paare mit Kindern wissen spätestens nach diesem Kapitel, dass sie mehr finanziellen Mut und größere finanzielle Chuzpe haben als all die Dinks mit ihren materiellen Anschaffungen. Falls Sie also noch zu den Dinks gehören, aber auch gerne wirklich dick auftragen wollen, falls Sie respektiert werden wollen, falls Sie möchten, dass man in Ihnen den Reichtum erkennt, der Ihnen wahre Anerkennung als Paar mit extremer finanzieller Potenz bringt, dann vermehren Sie sich. Zeugen Sie Kinder und zeigen Sie der Welt damit: Ich kann es mir leisten! Ich lache über Geld, ich werfe es für meine Kinder hinaus, es bedeutet mir nichts, ich leiste mir das! Gleich morgen Abend zeuge ich mein drittes Kind (dabei dürfen Sie sich vielleicht sogar ein wenig anzüglich und demonstrativ für alle sichtbar in den Schritt greifen). Was sagt ihr nun? Da staunt ihr, was?

Der kleine König – Kommunikation im Säuglingsalter

Bei all der großen Begeisterung, die hier für Kinder verbreitet wird, müssen Sie aber neben dem beschriebenen finanziellen Kraftakt und dem erforderlichen Pflegedienst bedenken, dass Kinder neben dem enormen Mehraufwand, den sie im Haushalt verursachen, keinen eigenen Beitrag zur Haushaltsführung leisten, sie helfen überhaupt nicht mit. Es ist übrigens nicht garantiert, dass sich das in späteren Jahren ändert. Da können Sie als Eltern Glück haben, Sie können aber auch Pech haben, und der Nachwuchs lässt sich bis zum Ende der Nestpflege weiter mit All-inclusive-Vollversorgung umhegen.

Besonders anstrengend ist die Zeit, in der ein Kind sich noch in Pflegestufe III+ befindet. Da muss es von morgens bis abends umsorgt, gepflegt und betreut werden. Immer muss alles sofort passieren, das ganze Leben dreht sich nur noch um das Kind, es verlangt immerzu nach Aufmerksamkeit und Fürsorge. Ohne ein Wort des Dankes kreisen Babys in ihrer absolut egozentrischen Weltanschauung. Sie tun nichts selbst und verlangen wie selbstverständlich, dass man sich um sie kümmert. Sie zeigen eine geradezu mittelalterlich hochherrschaftliche Attitüde im Umgang mit den ihnen nahestehenden Personen. Das kann wirklich anstrengend sein. Besonders nachts.

Schauen wir uns die Situation doch einmal etwas genauer an, nur damit Sie nachher nicht sagen: »Oh, das habe ich mir anders vorgestellt.« Nehmen wir einfach mal an, Sie hätten einen Säugling, der ungefähr vier bis fünf Monate alt ist. Sie sind mit den engsten Familienangehörigen bei sich zu Hause und es ist halb zwei in der Nacht an einem Mittwoch.

Eigentlich ist die Wahl des Wochentages beliebig, da sich Kinder in diesem Alter noch nicht an Wochenenden, Feiertagen oder sonstigen Ruhetagen orientieren. Im Gegenteil hat man oft den Eindruck, dass sie ihr Verhalten bar jeder räumlichen und zeitlichen Orientierung sehr spontan zum Ausdruck bringen. Wir nehmen einen Mittwoch, um eine alltägliche Situation zu beschreiben. Halb zwei nachts ist insofern eine unangenehme Zeit, weil Sie selbst schon richtig tief eingeschlafen sind, Sie hatten einen anstrengenden Arbeitstag und müssen früh am Morgen wieder zur Arbeit.

Das Haus, die Wohnung liegt in nächtlicher Stille. Die Familie schläft den Schlaf der Gerechten, tief und erholsam. Die Nacht ist ruhig (noch), und nur ein Käuzchen ruft verhalten in die von Kontemplation erfüllte Stille. Doch was geschieht dann? Seine Majestät Baby erwacht. In den eigens für ihn eingerichteten, königlichen Schlafgemächern häufen sich Kleidungsstücke und Gerätschaften der Kurzweil (Spielzeug), die nur für ihn angeschafft wurden und niemandem außer dem König selbst von Nutzen sind.

Seine Hochwohlgeboren blinzelt zunächst ein wenig unsicher in die ihn umgebende Dunkelheit hinein. Möglicherweise richtet er sich sogar schon ein wenig im Bette auf, schaut sich genauer um und denkt dann bei sich: »Wohlan, welch Dunkelheit umgibt uns? Horch! Kein gar lustiges Stimmengewirr klingt an unser königliches Gehör. Hm, hat sich unser Hofstaat etwa unerlaubt zur Ruhe gebettet?« Nach einigen Momenten ungläubiger Fassungslosigkeit ob der Insubordination des ihm unterstellten Personals gewinnt der kleine König seine volle Stärke zurück und ruft in die Nacht hinein: »Hallo? Milchmagd?! Wo ist denn die warme, weiche Frau mit den leckeren Hauttaschen?« Oder falls er etwas anderes will: »Hofnarr? Scherge? Wo ist mein säumiger Kammerdiener?«

Seine Majestät beginnt also, deutlich vernehmbar zu rufen. Sie liegen wohlig in Daunen gebettet neben Ihrer Partnerin, erwachen bei diesem hochfrequenten Geschrei aus dem Schlaf, blinzeln auf die Leuchtanzeige Ihrer Schlafzimmeruhr und stöhnen innerlich: »Oh, nein! Halb zwei. Ach, der beruhigt sich schon wieder.« Nein! Dessen können Sie sich sicher sein: Der beruhigt sich nicht. Ganz im Gegenteil, wenn Sie nicht sofort vor des Königs Bette Gewehr bei Fuß stehen, dann wird der Kleine richtig sauer. Majestät ist es nämlich nicht gewohnt zu warten. Wenn nicht alles zack, zack sofort passiert, dann wird der richtig sauer, dann wird er glatt cholerisch, dann ist Majestät »not amused«, verstehen Sie? Dann hören Sie auf einmal ein Fortissimo von: »Scherge! Herbei, aber zack, zack!« Glauben Sie mir, dann springen Sie aus dem Bett, eilen pflichtschuldigst in die königlichen Schlafgemächer, neigen demütig das Haupt und fragen den erbosten Potentaten untergebenst: »Seine Majestät haben gerufen?« Dieser jedoch wird sich so einfach nicht milde stimmen lassen. »Ja sicher, Herrgott noch mal, man schreit sich hier die Lunge aus dem Hals! Das Personal ist auch nicht mehr das, was es anfangs versprochen hatte.« Sie nähern sich derweil buckelnd des Königs Bett, um kleinlaut nach den Beweggründen des Herrschers zu fragen: »Was ist Euer Begehr zu später Stunde, oh Großmächtiger?«

»Nun, Scherge, wir ließen Euch rufen weil ... weil uns langweilt. Ja, uns langweilt, hier ist ja nichts los, die Nacht ödet uns an. Daher möge er uns nun bespaßen. Er möge uns bespaßen mit dem lustigen Bimmelsäckchen.«

An dieser Stelle muss ich vielleicht denjenigen unter den Lesern, die noch keine Eltern sind, kurz erklären, was ein Bimmelsäckchen ist. In so einem Bimmelsäckchen befinden sich zwei kleine Blechglöckchen, die ein leises, feines Klingelgeräusch von sich geben. Damit diese Blechglöckchen aber auf keinen Fall den zartbesaiteten König drücken oder gar piksen, sind sie eingewebt in ein solches flauschiges, weiches Bimmelsäckchen.

Jetzt reflektieren Sie die oben beschriebene Situation doch einmal ganz rational. Da stehen Sie also nun um halb zwei nachts im Kinderzimmer mit nichts als Ihrem Schlafanzug und der Sie erfüllenden Müdigkeit. Wer sind Sie? Wir könnten annehmen, dass Sie ein Mann Ende zwanzig, Anfang dreißig sind. Sie haben eine ordentliche Ausbildung hinter sich gebracht und gehen nun einem mehr oder minder befriedigenden Beruf nach, der zumindest die Familie ernährt. Sie arbeiten hart, beklagen sich aber nicht. Sie haben eine verantwortungsvolle Position, die Sie mit Gewissenhaftigkeit auszufüllen versuchen. Von Ihnen wird Seriosität, Fleiß und ein hohes Maß an Eloquenz erwartet. In den letzten Jahren konnten Sie sich den Ruf eines führungs- und durchsetzungsstarken, aber fairen Teamplayers erarbeiten. Ihre Mitarbeiter respektieren Sie auf hohem kollegialem Niveau. Sie denken, dass Sie nach einem anstrengenden Arbeitstag vielleicht die Nacht durchschlafen dürfen, um neue Kräfte für den folgenden Arbeitstag zu sammeln. Aber weit gefehlt! Denn da liegt Ihnen gegenüber ein schreiender Säugling, der gerade einmal fünf Monate existent ist. In diesen fünf Monaten war er noch keinen einzigen Moment produktiv tätig, er hat noch keinerlei Beitrag für unser aller Bruttoinlandsprodukt geleistet. Er hat ausschließlich konsumiert, indem er recht fleißig gegessen hat, und er hat Dreck verursacht, indem er die von ihm konsumierte Nahrung in die von Ihnen bezahlten Windeln praktiziert hat. Diese kleine, fleischgewordene Umweltverschmutzung versucht also nun um halb zwei Sie, einen gestandenen Mann in der Blüte seiner produktiven Schaffenskraft, einen Hochleistungsträger unserer Gesellschaft, zum Hofnarren mit dem lustigen Bimmelsäckchen zu degradieren?

Und Sie machen es! Als wäre es das Selbstverständlichste von der Welt, als hätten Sie nachts um halb zwei eh nichts Besseres vor. Ohne ein Wort des Widerspruchs denken Sie voller Unruhe lediglich daran, des Königs Launenhaftigkeit schnellstmöglich zu beschwichtigen. Sie eilen zu der bescheuerten Spielekiste hin, suchen panisch das Bimmelsäckchen, kehren zurück vor den König und bimmeln, als ob es kein Morgen gäbe. Haben Sie das Bild deutlich genug vor Ihren Augen? Sie stehen da mitten in der Nacht völlig fertig im Schlafanzug und bimmeln mit dem Bimmelsäckchen. Das Merkwürdige aber ist: Sie kommen sich nicht einmal blöd vor. Es fühlt sich ganz natürlich an, als handelte es sich hier um ein geradezu archaisches Ritual väterlicher »Bemutterung«.

Seine Majestät, plötzlich ganz fasziniert vom lieblichen Klang der Glöckchen und der väterlichen Stimme, winkt Sie noch etwas näher zu sich heran mit den Worten: »Ja, es ist ganz nett, Euer Gebimmel, fahrt fort damit, es erheitert uns.«

Wenn Sie Glück haben, schläft Majestät nach fünfzehnminütiger Bimmelei wieder ein. Dann schleichen Sie sich katzenhaft leise aus den königlichen Schlafgemächern hinaus und dürfen auch wieder schlafen. Natürlich nicht bis der Wecker klingelt, das wäre dann doch zu viel des Glücks. Der Schlaf darf Sie umfangen bis halb vier in der Frühe. Denn dann ertönt erneutes Geschrei: »Scherge!« Abermals springen Sie aus dem Bett, eilen aus der Bedienstetenkemenate in die königlichen Schlafgemächer und gähnen ein schlaftrunkenes »Ihr habt nach mir schicken lassen, Gebieter?« Mit prüfenden Augen fixiert seine Majestät Sie nun skeptisch, um schnüffelnd die Nase in den Raum zu recken: »Scherge, riecht Ihr das auch? Dieser unangenehme Geruch? Ist ja ekelhaft, geradezu fäkal, könnte man fast sagen.« Sie schnuppern ebenfalls ein wenig umher und stellen fest: »Ja, Sire, es stinkt.«

»Dieser Gestank riss uns aus dem Schlaf, er trat offensichtlich ganz urplötzlich auf. Wo kommt das überhaupt her? Uns dünkt, die Quelle muss irgendwo hier in der Nähe sein. Seid Ihr es Scherge?« Suchend und mit leicht geblähten Nasenflügeln richtet der König sein Riechorgan in Ihre Richtung, um kopfschüttelnd festzustellen, dass die Quelle der Ausdünstungen woanders liegen muss. Ein wenig zweifelnd schnuppert er an seiner selbst, um abschließend bass erstaunt festzustellen: »Scherge, wir bestuhlten uns! Er möge uns schleunigst säubern!«

Sie sehen hier einen weiteren Beleg für die auf Seite 183 geschilderte Pflegebedürftigkeit des jungen Regenten. Sie wechseln fließend die Rolle vom Hofnarren zum Pflegepersonal und säubern des Königs Allerwertesten auf das Gründlichste. Um die Trocknung der empfindlichen Haut besonders angenehm zu gestalten, verwenden nicht wenige Väter die wohlig erwärmte Luft eines Föhns. Dabei kann es sein, dass seine Majestät abermals vom Schlaf übermannt wird und Sie nach fachgerechter Säuberung und Bettung des Königs ebenfalls eine erneute Zeit der Ruhe finden.

Allerdings werden Sie mit großer Sicherheit um circa kurz nach sechs Uhr erneut von enervierendem Geschrei geweckt, welches in seiner von Leid durchdrungenen, leicht jauligen Art auf den großen morgendlichen Hunger des Königs hinweist. Jetzt können Sie ihm aber nicht eben schnell ein Butterbrot, eine Stulle oder eine Brotzeit bereiten. Nein, seine Majestät benötigt eine hochexklusive, eigens nur für ihn zubereitete Spezialnahrung, die sehr teuer ist. Diese Babynahrung muss darüber hinaus im Wasserbad erhitzt werden. Sie können das Zeug nicht mal kurz in der Pfanne anbraten, da bekämen Sie mächtig Ärger von des Königs Milchmagd, seine Gouvernante und die Vorsteherin des Gesindes in Personalunion.

Erkennen Sie an dieser Stelle die Tragweite der hier vorherrschenden Dekadenz? Sogar das Essen des Königs bekommt eine eigene Badewanne! Die Erhitzung der königlichen Nahrung geht nicht innerhalb von Sekunden, das dauert eine Weile, während derer sich seine Majestät dazu befleißigt sieht, Ihre von Schlafmangel strapazierten und übersensibilisierten Gehörorgane weiter mit jammernder Unzufriedenheit zu malträtieren: »Wo bleibt unser Essen? Will er uns darben lassen in siechender Hungersnot? Grausamer Scherge! Elendes Gesinde! Wir bedürfen der sofortigen Nahrungszufuhr!«

Aufgrund dieser sich ständig steigernden Panik verkürzen Sie die Erhitzung und wandeln sich zum Vorkoster des Königs, Sie müssen testen, ob die Nahrung ungleichmäßig erhitzt wurde oder für des Königs Gaumen unangenehme Überraschungen bereithält. Hiernach sind Sie selbstverständlich für die mundgerechte Fütterung zuständig, denn selbst die einfache Handhabung eines kleinen Löffels ist für den König in dieser Phase seiner Pflegebedürftigkeit ein absolut aussichtsloses Unterfangen. Selbst simpelste Auge-Hand-Koordinationen erfordern des Königs vollste Aufmerksamkeit und gelingen überaus selten, meist enden solche Versuche in Chaos, Selbstbeschmutzung, Sachbeschädigung, oder es besteht die Gefahr, dass sich der König selbst verletzt. Er ist mitunter eine Gefahr für sich selbst und andere, gerade auch bei so alltäglichen Aufgaben wie der Benutzung von Messer und Gabel. Bei der Fütterung des Königs sollten Sie sich einmal filmen lassen. Sie werden erstaunt sein, wie selten dämlich Sie den Mund vor jedem weiteren Löffel, den Sie dem Kinde hinführen, öffnen, obwohl nicht Sie, sondern das Kind isst.

Sobald seine Majestät ungefähr zwei Drittel der zubereiteten Mahlzeit verzehrt hat, hält er mit gerunzelter Stirn inne und lässt Sie wissen: »So haltet ein, Scherge, pausiert die Nahrungszufuhr, denn Völle überkommt uns. Zur Verdauung möge er uns nun ein wenig schuckeln.« Bedenken Sie an dieser Stelle, dass Sie weiter unter akutem Schlafmangel leiden und die Umgebung nur noch wie durch einen Schleier wahrnehmen. Aber Sie sind weisungsgebunden, vergessen Sie das nicht. So nehmen Sie denn den kleinen König auf die

Schulter und schuckeln ihn ein wenig durch die Wohnung, wobei Sie ganz leicht über seinen Rücken streichen oder ein wenig klopfen. Während dieser Schuckelei reflektiert Majestät noch einmal über die zubereitete Mahlzeit und kommt dabei zu dem Ergebnis, dass diese nicht optimal temperiert war. Das Wasserbad hätte offensichtlich noch länger auf die Nahrung wirken müssen. So denkt er dann bei sich: »Wohlan, Scherge, dies war nicht Eure beste Kochkunst. Wir denken, da ist eine kleine Belehrung angebracht. Damit Ihr Euch ein für alle Mal merkt, dass Ihr so nicht mit Eures Herrn und Gebieters Nahrung verfahren dürft, applizieren wir nun selbige Nahrung auf Euch, als Zeichen unserer Missbilligung.«

Sehen Sie sich so übernächtigt und mit von der Schulter triefendem Erbrochenem in der Küche stehen? Prima, das ungefähr ist das Bild, das Sie festhalten sollten, wenn Sie in Erwägung ziehen, sich Kinder anzuschaffen.

Die Augen der Kinder

Nachdem Sie nun all dies gelesen haben, nachdem Sie erfahren haben, dass kleine Kinder ihre Eltern mitunter an den Rand des Wahnsinns und des finanziellen Ruins treiben, fragen Sie sich vielleicht: Warum haben einige Leute dann Kinder?

Stellen Sie diese Frage mal jungen Eltern. »Warum habt ihr das gemacht? Erklär mir das mal.« Interessanterweise ist diese Frage in unserer Gesellschaft nicht alltäglich, oder? Vielleicht sollte sie das aber sein. Schauen Sie sich junge Eltern doch einmal etwas genauer an. Es ist kein schöner Anblick, eher mitleiderregend. Man sieht sie meist völlig übernächtigt, mit großen, grauen Ringen unter den Augen den Kinderwagen gähnend vor sich herschieben, ziemlich vollgekotzt – riecht man einige bereits Meilen gegen den Wind – und kann ihre plötzlich eingetretenen finanziellen Nöte nur bedauern.

Warum also Kinder? Diese Frage haben sich vor Ihnen schon viele andere Menschen gestellt, ihr wurde sogar wissenschaftlich auf den Grund gegangen. Vereinfacht ausgedrückt liegt das ganze Geheimnis in der Physiognomie des Säuglings begründet. Ganz spezifisch sind es die Augen, die eine faszinierende Wirkung auf die Eltern ausüben. Wissenschaftler haben festgestellt, dass Kinder in diesem frühen Stadium ihrer Existenz überproportional große Augen in Relation zum Rest ihres Gesichtes haben. Das ist nicht nur bei Menschenbabys so, viele Säugetiere benutzen diese Sache, die als »Kindchenschema« Eingang in den Sprachgebrauch gefunden hat. Eltern schauen in diese großen, unschuldigen Augen und finden nicht nur das eigene Kind, sondern einfach alles, was damit zu tun hat, süß. Es handelt sich hier um eine wirklich bemerkenswerte Reaktion. Das logisch-rationale Denken der Eltern wird komplett lahmgelegt, gleichzeitig werden die rein emotional gesteuerten Bereiche des Gehirns über alle Maßen angeregt.

Rein faktisch gesehen handelt es sich bei dem auf Seite 189 beschriebenen spontanen Auswurf um Erbrochenes, einige würden sagen Kotze. Aber viele Eltern euphemisieren ihr ganzes Leben mit dem Kinde und sagen voller Nachsicht: »Guck mal, Schatz, ein Kötzerchen.« Sicher, die Nachsilbe »chen« dient der Verniedlichung, aber bei einigen Wörtern halte ich das für fragwürdig. Es gibt einfach Ausdrücke, wo die Verniedlichung nicht angemessen ist.

Eltern analysieren sich, das Kind und ihre aktuellen Lebensumstände nicht rational, sie sind völlig und ausschließlich emotionsgesteuert. Daher rechnen Eltern für gewöhnlich auch nicht nach, was das Kind summa summarum kostet, diese Frage ist sogar moralisch verpönt. Sie schauen in die Augen ihres Kindes und denken: »Wie süß!« Kinder in diesem Alter und mit diesen Augen können mit ihren Eltern machen, was sie wollen, die Eltern verzeihen ihnen alles. Viele Säugetierbabys empfinden wir aufgrund dieses Kindchenschemas ebenfalls als süß. Hundewelpen, Katzenbabys und andere Säugetierfrischlinge haben diese überproportional großen Augen. Nicht ohne Grund pervertiert die aus Japan stammende Manga-Industrie dieses Schema auf offensichtliche Weise.

Nicht niedlich

Sie werden mir sicher zustimmen, dass die Verniedlichung bei folgenden Beispielen nicht richtig funktioniert:
Diktator – Diktatörchen
Gebärmutterhalskrebs - Gebärmutterhalskrebschen
Religion – Religiönchen
Flugzeugträgerarmada – Flugzeugträgerarmadachen
Blutbad – Blutbädchen
Weltall – Weltällchen
Selbstmord – Selbstmördchen
Scheidung – Scheidüngchen
Eichhörnchen – Eichhörnchenchen
Marxismus-Leninismus – Marxismus-Leninismüschen
Neoliberalismus – Neoliberalismüschen
Kapitalismus – Kapitalismüschen
(Wirtschaftssysteme scheinen sich generell nicht gut verniedlichen zu lassen.)

Die Augen der Frauen

Besonders spannend an dieser Sache mit den Augen ist der Umstand, dass einige erwachsene Frauen ebenfalls diese Augen besitzen und sich des Effekts bei den Männern durchaus bewusst sind. Hier, meine Herren, geht es noch einmal ganz explizit um das Verstehen von Frauen und ihren kleinen, geheimen Methoden. Es gibt nicht wenige erwachsene Frauen mit diesen wunderschönen, unschuldigen großen Augen. Die Männer, die zu tief in solche Frauenaugen schauen, sind zu keinem logisch-rationalen Gedanken mehr fähig.

Nehmen wir einmal an, Sie gehen mit Ihrem besten Kumpel ganz gemütlich auf ein Gerstengetränk in die fußläufig zu erreichende Ausschanklokalität. Sie eröffnen das Gespräch, indem Sie aufzeigen und das Thema deutlich sagen, dann berichten Sie Ihrem Freund von den Ereignissen der letzten Woche. Eine ganze Weile hört Ihr Gegenüber hoch konzentriert und auf Sie fokussiert zu.

Plötzlich jedoch betritt eine überaus ansehnliche Dame mit großen mandelförmigen Augen selbige Lokalität. Wie in Zeitlupe wendet sich Ihr Genosse mit sich öffnendem Mund von Ihnen ab, während er Ihren Redefluss nur noch beiläufig und wie durch Watte wahrnimmt. Zeitgleich spielt ein imaginäres Orchester große Filmmusik mit mindestens hundert Streichern auf, als die wunderbar Schöne ihr langes Haar in bezaubernder Anmut wehen lässt. Sie sieht Ihren Freund an, lächelt und stiehlt ihm, ohne es selbst zu ahnen, im selben Augenblick sein Gehirn! Von da an können Sie Ihren Freund vergessen. Wie auf Knopfdruck wurde das logisch-rationale Denken Ihres Freundes ausgeschaltet. Im Zeitraffertempo verwandelt er sich in ein geiferndes, rein emotional hormongesteuertes Tier: »Boah, ist die süß!« Mehr ist ihm von nun an kaum zu entlocken. Unkontrollierter Speichelfluss tropft ihm seitlich aus dem Mundwinkel, während er Augen, Ohren und den vorderen Hoseninhalt nurmehr in eine einzige Richtung zu lenken vermag.

Ja, meine Herren, es mag schon sein, dass diese Frau »süß« ist. Aber ich bitte eines zu bedenken: Bei einigen Frauen kommen Sie im Laufe eines gemeinsamen Lebens mit 200.000 Euro im Hinblick auf die Kosten gar nicht aus. Fairerweise muss ich an dieser Stelle natürlich konstatieren, dass eine Frau gegenüber einem Kind auch Vorteile hat: Die meisten Frauen erbrechen sich nicht spontan auf Ihre Schulter, zumindest nicht mehr ab einem bestimmten Alter beziehungsweise einer gewissen fraulichen Reife.

Das männliche Betriebssystem in der Nacht

Das Leben ist ein nie enden wollender Kreislauf. Vieles wiederholt sich auf ganz anderen Ebenen. Wenn Sie sich so einer Prinzessin mit großen unschuldigen Augen hingegeben haben und nun eine Zweisamkeit bilden, dann werden Sie möglicherweise feststellen, dass einiges mit ähnlich hochherrschaftlicher Attitüde belegt ist wie auf Seite 182 ff. beschrieben.

Versetzen wir uns in eine ähnliche Situation, und nehmen wir an, es wäre halb zwei in der Nacht. Sie liegen schlafend neben Ihrer Prinzessin, als diese ohne ersichtlichen Grund erwacht. Sie weiß auch nicht genau, wieso. Irgendetwas riss sie aus dem Schlaf, sie blinzelt in die Dunkelheit hinein und kann aus unerfindlichen Gründen nicht mehr einschlafen. Leicht seufzend richtet sie sich ein wenig im Bette auf und denkt leise murmelnd: »Mir ist langweilig!« Nachdem sich ihre wunderschönen Augen an die Dunkelheit gewöhnt haben, wendet sie ihre Aufmerksamkeit ein wenig zur Seite, um erfreut festzustellen: »Ja, wen haben wir denn da? Das ist ja mein Hofnarr.« Unsanft werden Sie nun an der Schulter gestoßen, während sie fordernd fragt: »Scherge, schläfst du schon?« Urplötzlich aus dem Schlaf gerissen schielen Sie wie durch einen Nebel auf die rote Leuchtziffernanzeige der Schlafzimmeruhr und entgegnen dann leicht genervt: »Es ist halb zwei, was ist denn jetzt los?«

»Scherge, mir ist langweilig, und da dachte ich, vielleicht könnte er mich ja ein wenig bespaßen.«

Die meisten Männer sind über ein solches Angebot eigentlich mehr als erfreut, wenn es nicht zu so nachtschlafender Stunde gemacht werden würde. Denn wenn ein Mann nachts um halb zwei aus dem Tiefschlaf gerissen wird, braucht es mitunter ziemlich lange, bis das von der Frau eingeforderte Betriebssystem hochgebootet ist. Um diese Uhrzeit können sie maximal auf eine alte Windows95-Version zurückgreifen. Aber wie dem auch sei, der Mann ist weisungsgebunden und man könnte sagen, er bimmelt sich dann einen zurecht. Wenn er Glück hat, reagiert sie darauf mit latenter Begeisterung: »Durchaus amüsant, er bimmele weiter, ist ja recht vergnüglich.«

Und dann könnte es dazu kommen, dass Sie von hier ab wieder zum Anfang dieses Kapitels springen und die Sache mit den Kindern von vorne losgeht.

Frauenversteher und Männerversteherinnen

Nachdem wir nun vieles über typisch männliche und typisch weibliche Verhaltensweisen erfahren haben, kommen wir am Schluss zur Antwort auf die Frage: Wie kann es unter Berücksichtigung dieser ganzen Unterschiede in Zukunft noch besser mit heterosexuellen Partnerschaften klappen? Sie haben es vielleicht schon während der Lektüre geahnt: Es braucht die Bereitschaft und den Willen auf beiden Seiten, etwas zu ändern und unter Berücksichtigung der jeweils ziemlich andersartigen »Strickmuster« aufeinander zuzugehen. Wenn die Frauen lernen, ganz bewusst und wie in diesem Buch beschrieben mit ihren Männern zu kommunizieren, dann können auch die Männer die beschriebenen Methoden anwenden, um ihrerseits der Partnerschaft eine neue Zukunft zu geben. Es wird dann viel seltener (wahrscheinlich niemals) zu jener »Wunscherfüllungseskalationsorgie« kommen, wie wir sie auf Seite 161 ff. erlebt haben.

Wenn die Männer mithilfe dieses Buches ein wenig mehr Frauenversteher werden und die Frauen ein wenig mehr Männerversteherinnen, dann bin ich guter Hoffnung, dass Sie in Zukunft noch mehr Freude, Glück und auch Spaß mit dem anderen Geschlecht erfahren, denn: Humor ist das

Salz des Lebens, und wer gut gesalzen ist, der bleibt länger frisch.[45]

Allmählich gelangen wir ans Ende dieses Buches. Vielleicht haben Sie sich an einigen Stellen selbst wiedererkannt? Vielleicht kennen Sie Freunde, Bekannte und Verwandte, bei denen Sie einige der vorgestellten Szenen und Beschreibungen beobachtet haben? Vielleicht haben Sie aber auch oft gedacht: »Das ist bei uns ganz anders.« Vielleicht haben Sie mit Ihrem Partner oder Ihrer Partnerin, Ihrer besten Freundin oder Ihrem Kumpel über einige in diesem Buch erwähnte Dinge gesprochen und gefragt: »Sag mal, ist das wirklich so? Oder ist das alles Blödsinn, was da drinsteht?«

Wenn es mir gelungen ist, Sie dazu anzuregen, dann kann ich mit großer Zufriedenheit behaupten, dass es sich gelohnt hat, dieses Buch zu schreiben, und ich würde mich freuen, wenn Sie mir Ihre Erfahrungen mit den für Sie besten oder vielleicht sogar lehrreichsten Dingen aus diesem Buch schicken würden. Schreiben Sie mir einfach ein paar Zeilen auf www.carsten-hoefer.de/feedback

Ich freue mich darauf und bin schon sehr gespannt, was Sie zu berichten haben.

Für Ihre Zukunft wünsche ich Ihnen eine erfüllte und lustige Partnerschaft und viel Freude bei dem, was Sie Gutes tun.

Herzlichst,
Carsten Höfer

---

[45] Frei nach dem tschechischen Schriftsteller Karel Čapek, der gesagt haben soll: »Humor ist das Salz der Erde, und wer gut durchgesalzen ist, der bleibt lange frisch.«

Anhang

Quellen

Sicherlich werden Sie beim Lesen des Buches ab und zu auf die Fußnoten und Quellenangaben gestoßen sein, die meine Aussagen und Beweisführungen auf ein solides wissenschaftliches Fundament stellen. Vielleicht haben Sie sich an einigen Stellen auch gefragt, ob die Quelle wirklich und tatsächlich echt ist.

Sie haben natürlich recht! Einige der angegebenen und zitierten Publikationen habe ich mir frecherdings ausgedacht und mir damit kleine Scherze im Hinblick auf die meiner Meinung nach oft übertriebene »Wichtigtuerei« wissenschaftlicher Publikationen erlaubt.

Viele der zitierten Quellen sind allerdings auch absolut echt und real. Ich war bei den Recherchen zu diesem Buch oft überrascht, was man in echten, angeblich seriösen Veröffentlichungen alles finden kann, und musste bei der Lektüre dieser wissenschaftlichen Ausführungen oft herzhaft lachen. Wissenschaftler und Ärzte können so herrlich unfreiwillig komisch sein.

Die real existierenden Quellen habe ich fröhlich mit meinen ausgedachten Quellen gemischt, und am Ende dieses Buches lade ich Sie ein, ein kleines Rätsel zu lösen: Welche der aufge-

führten Quellen sind real und welche sind nichts als erfunden und ein »fake«? Setzen Sie in dieser Liste einfach Ihre Kreuze. Die Auflösung erfahren Sie im Internet auf: www.carstenhoefer.de/buchbonus (Ihr Zugangscode lautet: **FrauCP+**).
Ich wünsche Ihnen viel Spaß beim Rätseln.

Literatur
Fraggel, Stephen: The extraction of the main speakness center of female mouse brain and their behaviourness after extraction. In: The Fauna Scientist 09 (2011). S. 122–132.
☐ echt
☐ fake

Freud, Sigmund: Der Humor. (1927) In: Studienausgabe. Hg. v. Alexander Mitscherlich u.a. Bd. IV: Psychologische Schriften. Frankfurt/M.: Fischer Verlag 1969–1975. S. 275–282.
☐ echt
☐ fake

Futrelle, Jacques: Der überflüssige Finger und andere große Fälle der Denkmaschine. Siegen: Affholderbach & Strohmann Verlag 1987.
☐ echt
☐ fake

Gesprächsmitschnitt von Charlotte, Claudia, Dorothea, Gabi und Patrizia. Bochum, den 29. Februar 2011.
☐ echt
☐ fake

Heidegger, Martin: Sein und Zeit. Tübingen: Niemeyer Verlag 2006.
☐ echt
☐ fake

Hindelang, Götz: Einführung in die Sprechakttheorie. Sprechakte, Äußerungsformen, Sprechaktsequenzen. Berlin/ New York: Verlag Walter de Gruyter 2010 (= Germanistische Arbeitshefte Bd. 27).
☐ echt
☐ fake

Höfer, Carsten: Entdeckung und Erforschung der Cerevisia Sinus larynx beim männlichen Homo sapiens. München: Nordost Verlag 2010.
☐ echt
☐ fake

Höfer, Carsten: Hochgebirgswandern und Selbstkonzept. Eine experimentelle Studie. Münster: Westfälische Wilhelms-Universität 1996.
☐ echt
☐ fake

Höfer, Carsten: The extraordinarily analysis of female and male communication systems in modern life. In: Biological & Psychological Times XI (2010). S. 356-399.
☐ echt
☐ fake

Höfer, Carsten: Vertiefende Studien zur Biernebenhöhle des Mannes – ein medizinisches Faktotum mit Folgen. Prag: Nějak to vymyslíme nakladatelství 2011.
☐ echt
☐ fake

Jones, Ernest: Das Leben und Werk von Sigmund Freud. Bd. 2. Bern: Hans Huber Verlag 1962.
☐ echt
☐ fake

Lustiges Taschenbuch. Nr. 395. Berlin: Egmont Ehapa Verlag 2009.
☐ echt
☐ fake

Pfennig, Matthias: Humor und Provokation in beraterisch-supervisorischen Kontexten - Eine Einladung zu einer effektiven und befreienden Grundhaltung. Referat gehalten auf der 9. Fachtagung: Supervision im pastoralen Feld, Akademie Franz-Hitze-Haus, Münster, 5. bis 8. März 2007.
☐ echt
☐ fake

Proktolsky, Simon: Aktives und passives sexistisches und fäkalhumoriges Vergnügen bei Mann und Frau – eine Kurzzeitstudie über Auswirkung und Kenntnis von 100 Klassikern des nicht jugendfreien Witzes bei 100 Frauen und 100 Männern. Gröbnitz: Hohnegger Verlag 2010.
☐ echt
☐ fake

Ross, Elvira: Umgang mit Phraseologismen als Gestaltungsmittel in der kabarettistischen Vortragskunst Carsten Höfers. Münster: Westfälische Wilhelms-Universität 1999.
☐ echt
☐ fake

Rusch, Alex S.: Wie Sie in den nächsten 18 Monaten mehr erreichen als in den vergangenen 10 Jahren (Hörbuchskript). Lenzburg/Schweiz: Rusch Verlag 2010.
☐ echt
☐ fake

Shakespeare, William: Julius Cäsar. Tragödie. Übers. v. August Wilhelm Schlegel. Hg. v. Dietrich Klose. Stuttgart: Verlag Philipp Reclam jun. 1969 (= Reclams Universal-Bibliothek Nr. 9).
☐ echt
☐ fake

Das gesamte Sozialgesetzbuch SGB I bis SGB XII. Ausgabe 2011/I. Regensburg: Walhalla Verlag 2011.
☐ echt
☐ fake

Statistisches Bundesamt: Pressemitteilung Nr. 314. 1. August 2006.
☐ echt
☐ fake

Statistisches Bundesamt: Pressemitteilung vom 30. Mai 2003 (»Zeit für Kinder«).
☐ echt
☐ fake

Statistisches Bundesamt: Pressemitteilung Nr. 335. 18. November 2009.
☐ echt
☐ fake

T'Plyn from Vulcan, Sulai: The exolinguistical analysis of logic in different languages around alpha quadrant. Auf: Holotafel Nr. 455 ff. Vulcan: 2366 (Sternzeit 43672.700).
☐ echt
☐ fake

Weiner, Herbert: Perturbing the Organism. The Biology of Stressful Experience. Chicago: The University of Chicago Press 1992.
☐ echt
☐ fake

Weissleder, Ralph, u. a.: Kompendium der bildgebenden Diagnostik. Wien: Springer Verlag 2002.
☐ echt
☐ fake

Winkler, Sylvia: Sprache und Sexualität im Internet. In: Sprache – Erotik – Sexualität. Hg. v. Rudolf Hoberg. Berlin: Erich Schmidt Verlag 2001 (= Philologische Studien und Quellen, Bd. 166). S. 259-281.
☐ echt
☐ fake

Filme
Cameron, James (Regie): Terminator 2 – Tag der Abrechnung. USA: TriStar Pictures 1991.
☐ echt
☐ fake

Cannon, Danny (Regie): Judge Dredd. USA: Hollywood Pictures 1995.
☐ echt
☐ fake

Glaser, Paul Michael (Regie): Running Man. USA: TriStar Pictures/Republic Pictures 1987.
☐ echt
☐ fake

Harlin, Renny (Regie): Stirb langsam 2. USA: 20th Century Fox 1990.
☐ echt
☐ fake

Kershner, Irvin (Regie): Star Wars – Das Imperium schlägt zurück. USA: 20th Century Fox 1980.
☐ echt
☐ fake

King, Michael Patrick (Regie): Sex and the City 2. USA: Warner Bros./New Line Cinema 2010.
☐ echt
☐ fake

Langübnber, Max (Regie): Scharfe Autos, scharfe Kurven, scharfe Miezen. Teil 6 – Alles noch schärfer! USA: HolyHotPepper Pictures 1997.
☐ echt
☐ fake

McTiernan, John (Regie): Stirb langsam. USA: 20th Century Fox 1988.
☐ echt
☐ fake

McTiernan, John (Regie): Stirb langsam: Jetzt erst recht. USA: 20th Century Fox 1995.
☐ echt
☐ fake

Nimoy, Leonard (Regie): Star Trek IV – Zurück in die Gegenwart. Film. USA: Paramount 1986.
☐ echt
☐ fake

Scorsese, Martin (Regie): Departed – Unter Feinden. USA: Warner Bros. 2006.
☐ echt
☐ fake

Stallone, Sylvester (Regie): The Expendables. USA: Lionsgate 2010.
☐ echt
☐ fake

Wiseman, Len (Regie): Stirb langsam 4.0. USA: 20th Century Fox 2007.
☐ echt
☐ fake

Internet

Für die Berechnung der inflationsbereinigten Kinderkosten nutzte ich den Inflationsrechner auf: www.zinsen-berechnen.de/inflationsrechner.php

Überaus erhellend im Hinblick auf Carrie Bradshaws Lebenswandel war der Blog: http://the-frenemy.com/post/5366472538/carrie-bradshaw-math (englisch)

Mehr von Carsten Höfer

Wussten Sie schon, dass es noch mehr Kapitel und kleine Geschichten in Zusammenhang mit diesem Buch gibt, die Sie GRATIS bekommen und lesen können?

Bei der Entstehung des Buches sind viele kleine lustige Episoden und weiterführende Texte aus den unterschiedlichsten Gründen der Kürzung zum Opfer gefallen. Als Leser dieses Buches haben Sie auf www.carsten-hoefer.de/buchbonus exklusiven Zugriff auf dieses Bonusmaterial, mit dem ich Ihnen schon jetzt viel Spaß wünsche!

Auf www.carsten-hoefer.de/dvdfrau erfahren Sie alles über das preisgekrönte Liveprogramm FRAUENVERSTEHER und können sich ein Infovideo zur Video-DVD anschauen, auf der Sie noch mehr Geschichten von Frauenversteher Carsten Höfer zu sehen bekommen.

Auf facebook postet er nahezu täglich Neuigkeiten aus seinem Leben: www.facebook.com/gentlemankabarett

Danksagung

»**Danke!**« zu sagen, fällt mir nicht schwer. Im Gegenteil ist es mir ein dringendes Bedürfnis, all den Menschen aufrichtig und ehrlich Danke zu sagen, die ganz entscheidend zum Gelingen dieses Buches beigetragen haben und ohne die dieses Buch nicht möglich gewesen wäre.

Mein erster Dank gilt meiner geliebten Frau Maike, die mir mit ihrer Liebe jeden Tag aufs Neue den Rücken stärkt.

Dank an meine zwei wundervollen Kinder Jonathan und Piet, die meinem Leben Sinn geben.

Dank an meine Eltern Ingrid und Fritz, die mich schon als Kind immer wieder darin bestärkt haben, dass es ein Geschenk Gottes ist, »anders und nicht ganz normal« zu sein (ich war schon ein seltsames Kind). Meine Eltern haben mir mit Liebe und Rückhalt die Kraft gegeben, der Mann zu werden, der ich werden wollte.

Ich danke meiner Schwester Martina, deren kratzige Wollstrumpfhosen ich auftragen durfte. Sie war mir als Kind immer eine gute »große Schwester«, die sich rührend um mich gekümmert hat und von der ich viel über typisch weibliches Verhalten gelernt habe.

Dank an Prof. Dr. Lothar Seiwert, der mir geraten hat, dieses Buch zu schreiben. Dank an Alex S. Rusch, der mir gezeigt hat, dass mehr möglich ist. Dank an Bettina Querfurth, die meine Ideen in eine erste Form brachte und einen tollen Verlag für mich fand. Dank an Wiebke Rossa, die mich bei der Verwirklichung meines Traumes vom Buch in ihre qualifizierten Hände genommen hat. Dank an das gesamte Team des Südwest-Verlages für die tolle Zusammenarbeit. Dank an alle Verantwortlichen der katholischen Pfarrgemeinde St. Agatha in Münster-Angelmodde dafür, dass ich die Räumlichkeiten neben der Kirche nutzen durfte, um in aller Herrgottsruhe dieses Buch zu schreiben. Dank an einige Gynäkologinnen und andere Ärzte, die nicht namentlich erwähnt werden wollen, für die Überprüfung meiner kleinen gynäkologischen Fachexkursion auf Seite 13. Dank an alle anderen wundervollen Menschen, die mir auf meinem Weg ihr Lachen, ihre Inspiration und ihre Unterstützung geschenkt haben.

Außerdem danke ich Ihnen, liebe Leserin, lieber Leser, dafür, dass Sie dieses Buch gelesen haben. Wenn es Ihnen gefallen hat, dann empfehlen Sie es Ihren Freunden, Bekannten und Verwandten weiter. So bringen Sie Freude zu Ihren Lieben.

Falls es Ihnen nicht gefallen hat, falls Sie denken: »Was für ein selten bescheuertes, blödes Buch!«, dann verschenken Sie es einfach an Leute, die Sie nicht leiden können, um sie damit zu ärgern.

Impressum

MIX
Papier aus verantwortungsvollen Quellen
FSC® C014496

Verlagsgruppe Random House FSC-DEU-0100
Das für dieses Buch verwendete FSC®-zertifizierte Papier *Munken premium cream* liefert Arctic Paper Munkedals AB, Schweden.

ISBN 978-3-517-08721-4
© 2012 by Südwest Verlag, einem Unternehmen der Verlagsgruppe Random House GmbH, 81673 München

Alle Rechte vorbehalten. Vollständige oder auszugsweise Reproduktion, gleich welcher Form (Fotokopie, Mikrofilm, elektronische Datenverarbeitung oder andere Verfahren), Vervielfältigung und Weitergabe von Vervielfältigungen nur mit schriftlicher Genehmigung des Verlags.

Programmleitung: Silke Kirsch
Projektleitung: Stefanie Heim
Lektorat: Wiebke Rossa
Layout und Satz: Lore Wildpanner, München
Umschlaggestaltung: schwecke.mueller Werbeagentur GmbH, München
Autorenfoto: SENDKER GmbH Werbeagentur, Ausführung Alex Küper
Druck und Verarbeitung: GGP Media GmbH, Pößneck
Printed in Germany

817 2635 44